# Stammbaum der Familie Netter

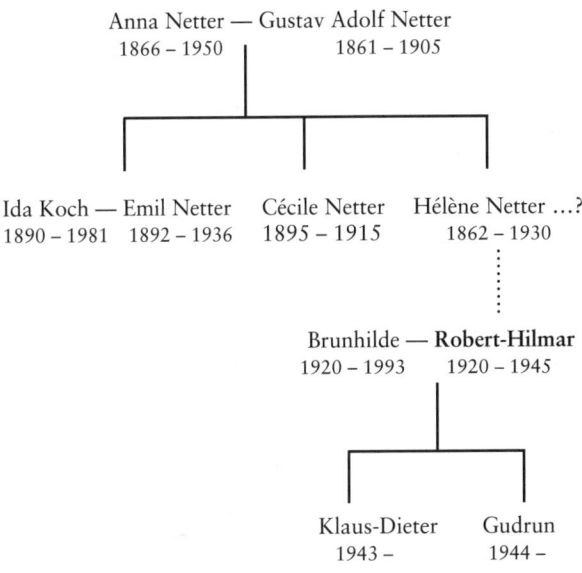

Anna Netter — Gustav Adolf Netter
1866 – 1950      1861 – 1905

Ida Koch — Emil Netter    Cécile Netter    Hélène Netter …?
1890 – 1981   1892 – 1936   1895 – 1915      1862 – 1930

Brunhilde — **Robert-Hilmar**
1920 – 1993   1920 – 1945

Klaus-Dieter    Gudrun
1943 –          1944 –

# Eric Koch

## Hilmar und Odette
*Zwei Leben in Deutschland*

Aus dem Englischen
übertragen und bearbeitet
von
Matthias Reichelt

Die englische Originalausgabe erschien 1995 unter dem Titel
*Hilmar and Odette, Two stories from the Nazi era.*
Copyright © 1995 by Eric Koch. Published by arrangement with
McClelland & Stewart Inc., Toronto, Canada.

Die Deutsche Bibliothek – CIP-Einheitsaufnahme
Koch, Eric: Hilmar und Odette : zwei Leben in Deutschland /
Eric Koch. Aus dem Engl. übertragen und bearb. von Matthias
Reichelt. – 1. Aufl. – Gerlingen : Bleicher, 1998
(Zeugen der Zeit)
ISBN 3-88350-658-3

Copyright © für die deutschsprachige Ausgabe
Bleicher Verlag GmbH, Gerlingen
Alle Rechte vorbehalten
Lektorat: Jens Dittmar
Umschlag: Buchgestaltung Reichert, Stuttgart
Herstellung: MZ-Verlagsdruckerei GmbH, Memmingen
ISBN 3-88350-658-3

# Inhalt

## Einleitung

Nicht jeder hat das Glück, zwei unehelich geborene Angehörige seiner näheren Verwandtschaft zu entdecken, von
deren Existenz er nichts gewußt hat.
Ich hatte dieses Glück.
Meine Halbschwester Odette war die eine Person, die ich
entdeckt habe; Hilmar war die andere – fast ebenso nah
verwandt mit mir.
Es ist besonders reizvoll, streng gehütete Familiengeheimnisse zu lüften, vor allem, wenn sie, wie in diesem
Fall, über den engen persönlichen Kreis hinaus von Bedeutung sind. Sie beleuchten die Nazizeit – meine Jugend
– in keinem geringeren Maße als Bücher über prominen-
te Personen.
Insbesondere veranschaulichen diese Geschichten die bei-
spiellose Konsequenz einer kaltblütigen Logik, mit der
die Nazis ihre Rassengesetze ausführten. Nichts veran-
schaulicht diese Logik besser als die Definition des »Halbjuden«, eine Kategorie, in die meine beiden neu entdeck-
ten Verwandten fielen. Es ist schrecklich, wenn eine irra-
tionale Politik von intelligenten Menschen betrieben wird.
Vergleichbares gab es weder bei den Brutalitäten der Sowjets noch bei den »ethnischen Säuberungen«, die wir in
den vergangenen Jahren in vielen Teilen der Welt mitan-
sehen mußten. In dieser Hinsicht sind die Nazis einzigar-
tig geblieben.
Es war keine Spitzfindigkeit notwendig, um mich aus
Deutschland zu vertreiben. Nach den Nürnberger Gesetzen war ich ein klarer Fall: Hundert Prozent »Nichtarier«.
Ich verließ Deutschland 1935 im Alter von fünfzehn Jah-

ren, zwei Jahre nach Hitlers Machtergreifung, um in England zur Schule zu gehen. Wäre ich dazu nicht in der Lage gewesen, wäre ich wie Millionen andere ausgelöscht worden.

Spitzfindigkeit war nur in weniger eindeutigen Fällen notwendig. Um »Halbjuden« – »Mischlinge ersten und zweiten Grades« – zu definieren, mußten der Besessenheit der Nazis in Bezug auf die Juden Grenzen gesetzt werden, was nicht einfach war. Jede Führungskraft hatte Grund zu der Angst, mit einem Juden verwandt zu sein. Vor 1933, bevor wir offiziell für minderwertig und gefährlich erklärt wurden, waren die Angehörigen meiner Familie jüdische Deutsche. Sie sahen keinen Widerspruch in ihrer doppelten Zugehörigkeit. Der Grad der Integration von Juden in die deutsche Gesellschaft war bis zu den Nazis ohne Beispiel gewesen. Abgesehen vom *Goldenen Zeitalter der spanischen Juden* vom elften bis zum fünfzehnten Jahrhundert, als Juden einen hohen Grad an Harmonie und gegenseitiger Anerkennung mit Christen und Muslimen vieler Schichten erreichten. Obgleich es immer Antisemitismus gegeben hat, wurden Juden vor Ende des neunzehnten Jahrhunderts jedoch kaum als biologisch definierbare Gruppe angesehen. Ebenso wenig betrachtete man deutsche Juden als Immigranten. Bereits im zwölften Jahrhundert existierte zum Beispiel eine gut organisierte jüdische Gemeinde in meiner Geburtsstadt Frankfurt.

Ich beginne diese Geschichte zunächst mit einem Portrait meines Vaters Otto Koch. Es folgt ein Portrait meines Stiefvaters Emil Netter.

Odette ist – wie ich – ein Kind von Otto Koch.

Hilmar ist ein Kind von Emil Netters Schwester.

Kein Wort dieser Geschichte ist erfunden.

## Prolog

*Das Bemühen der Juden, von der christlich-deutschen Mehr-heit akzeptiert zu werden, scheiterte zwar. Der Traum von der deutsch-jüdischen Symbiose, von der gemeinsamen Zukunft von Juden und Deutschen, war eine Vision, die zeitweilig durchaus im Bereich des Möglichen gelegen hat. Daß aus dem Traum ein Alptraum werden sollte, hat vor 1933 niemand voraussehen können.*

Julius Schoeps, *Deutsche – und nichts anderes.*
*Vom Patriotismus deutscher Juden* [1]

Portrait meines Vaters Otto Koch   Während meiner Kindheit wurde nur hinter vorgehaltener Hand von
meinem Vater gesprochen. Er starb, als ich gerade drei
Monate alt war. Seine persönlichen Dinge – etwa die
Silbertrophäen, die er bei internationalen Springreit-
turnieren vor dem Ersten Weltkrieg gewonnen hatte –
wurden bei uns zu Hause wie Reliquien behandelt.

Otto Koch starb im November 1919 an den Folgen einer
Operation, nachdem er vier Jahre an der Front überlebt
hatte. Meine Mutter war 29 Jahre alt und hatte drei Kinder: meine Schwester, meinen Bruder und mich.

Mein Vater war mit seiner Rolle als Partner im Juweliergeschäft seines Vaters in Frankfurt nie richtig zufrieden.
Sein Herz gehörte wohl mehr den Pferden als dem Geschäft. Es gibt eine aufschlußreiche Geschichte von Rudolf Binding, dem bekannten Romancier, der 1915 in
Frankreich sowohl sein vorgesetzter Offizier als auch sein
Freund war; ihre Leidenschaft für Pferde hatte sie schon
vor dem Krieg zusammengeführt.[2]

Binding hatte den Befehl erhalten, einen Ordonnanzoffi-
zier zum General der Infanterie zu schicken. Er wählte
den Vizewachtmeister Koch, einen gebildeten, anstelli-
gen, gutaussehenden jungen Mann, wie der General schon
bald zufrieden bemerkte.

Ein paar Wochen vergingen. Der General war mit dem
Vizewachtmeister, »der sich bei einigen Aufträgen und
Unternehmungen hervorgetan hatte«, so zufrieden, daß ihm
das Eiserne Kreuz verliehen wurde. Er schrieb an Binding,
es sei völlig unpassend, solch einen tüchtigen jungen Mann
»weiter ohne die silbernen Offiziersachselstücke herum-
laufen« zu lassen; schließlich besäße Otto Koch alle er-
forderlichen Qualitäten. Binding hatte die Aufgabe, die
notwendigen Dokumente für ein Gesuch beim Kaiser

vorzubereiten. Doch als der General in der Sparte »Religion« das Wort »mosaisch« bemerkte, geriet er »in eine Aufregung ohnegleichen«. Er sprang auf sein Pferd, um Binding zu suchen.

»Haben Sie denn gewußt, daß K. Jude ist?« fragte er ihn.

»Gewiß habe ich das gewußt.«

»Dann können Sie ihn aber doch nicht zum Offizier vorschlagen«, antwortete der General nicht gerade logisch. »Sie müssen die Eingabe zurückziehen.«

»Aber Herr General«, entgegnete Binding, »Sie selber haben den Vorschlag doch einverlangt! Wie kann ich einen Beförderungsvorschlag für einen Untergebenen zurückziehen, den ich nach Pflicht und Gewissen eingereicht habe?«

»Sie mögen mir sagen, was Sie wollen«, wandte sich der General an Binding, »K. hat unerträgliche jüdische Eigenschaften, eigentlich nur jüdische Eigenschaften.«

Binding antwortete nachdenklich: »Tja, Herr General, wenn er doch ein Jude ist, was soll er eigentlich andere Eigenschaften haben als jüdische?«

»Meinen Sie wirklich?« fragte der General.

»Ja«, entgegnete Binding.

Der General ritt zurück in sein Quartier und unterzeichnete das Gesuch.

Immer wenn ich den großen jüdischen Friedhof in der Rat-Beil-Straße am nördlichen Rand von Frankfurt besuche, bewundere ich sein wunderschönes Portal. Ich komme hierher, um meine Vorfahren zu ehren, hauptsächlich jedoch, weil dies der einzige Platz in Frankfurt ist, der seit meiner Kindheit unverändert geblieben ist. Dort sind mir im Gegensatz zur Innenstadt viele Bewohner vertraut.

Otto Koch

*Otto Koch (Mitte), August 1914*

*Louis Koch*

*Ida Koch/ Netter*

*Emil Netter*

Der Friedhof wurde 1828 eingerichtet, weil der alte von 1270 im Geschäftsviertel in der Battonnstraße überfüllt war. Sein Portal besteht aus vier dorischen Säulen. Der vollkommen klassische Stil und die goldene Inschrift eines alttestamentarischen Verses auf hebräisch wurden gewählt, um die jüdisch-westliche Synthese zu demonstrieren. Der Friedhof umfaßt 30 000 bis 40 000 Gräber. Ein Gedenkstein ehrt die 467 Angehörigen der jüdischen Gemeinde, die im Ersten Weltkrieg »ihr Leben dem Vaterland opferten«.

Es gibt einen berühmten Ausspruch eines armen Juden, der neidisch die großartigen Marmorgräber der Familie Rothschild bewunderte und angeblich sagte: »Diese Leute verstehen es zu leben!«

Auf diesem Friedhof hielt Rudolf Binding im November 1919 seine Grabrede für Otto Koch, in der er unter anderem sagte:

*Er war fröhlich mit den Fröhlichen und traurig mit den Traurigen, und nichts Besseres vermag ich von ihm zu sagen, als daß er das Herz auf dem rechten Flecke trug. Und er war einer, der das Gute selbstverständlich fand und das Selbstverständliche gut.*

Vierzehn Jahre später, Anfang 1933, verteidigte Rudolf Binding das Naziregime gegenüber der Kritik aus dem Ausland. Wie viele gebildete Deutsche stellte er sein Unbehagen zugunsten nationaler Interessen zurück. Ich hoffe, daß ihn sein Konzept eines *Gentleman*, ein beherrschendes Thema seiner schriftstellerischen Arbeiten, dazu gezwungen hat, auch nach 1933 seine Freundschaften mit den patriotischen jüdischen Deutschen aufrechtzuerhalten, die während des Krieges mit ihm gedient hatten.[3]

PORTRAIT MEINES STIEFVATERS EMIL NETTER    Emil Netter lernte meine Mutter Ende der zwanziger Jahre kennen, ein oder zwei Jahre nachdem er nach Frankfurt gezogen war. Er hatte zehn Jahre in einem Sanatorium in
Davos verbracht. Als er meine Mutter 1930 heiratete, war
er achtunddreißig Jahre alt. Er war wohlhabend, launisch
und verwöhnt und dabei außerordentlich belesen.
Emil Netter war Partner bei Wolf Netter & Jacobi, einem bekannten Hersteller von Wellblech, vorgefertigter
Brücken und Bahnhofshallen, Dampfkesseln und Fässern.
Die Firma besaß Fabriken und Walzwerke in vielen Teilen Deutschlands, einschließlich Berlin. Sein Urgroßvater, der Schrotthändler Wolf Netter, hatte die Firma 1833
in der Kleinstadt Bühl im Schwarzwald, in der Nähe von
Baden-Baden, gegründet. Nach der deutschen Annexion
von Elsaß-Lothringen 1871 eröffnete die Familie ein zweites Werk in Straßburg. Emils Vater, Adolf Netter, zog auf
die andere Seite des Rheins und wurde einer der Direkto-
ren.
So war Bühl etwas, das Emil Netter und meine Mutter
verband. Emils Vater war in Bühl geboren, ebenso die
Mutter meiner Mutter. Ihr Großvater besaß dort eine Tex-
tilfabrik, in der er zeitweise über dreihundert Einwohner
beschäftigte. In Bühl waren die Juden außergewöhnlich
zahlreich gewesen. 1853 waren mehr als zehn Prozent
der 3 011 Einwohner jüdisch. Bis 1933 sank die Zahl auf
73, eine Folge der Attraktivität großer Städte wie Frankfurt. Heute, nach dem Holocaust, lebt kein einziger der
dort geborenen Juden mehr in Bühl.
Adolf Netter heiratete Anna Simon aus Saarbrücken. Sie
bekamen drei Kinder, die alle in Straßburg geboren wurden: Emil 1892, Cécile 1895 und Hélène 1898. 1905 starb
Adolf Netter im Alter von 44 Jahren. Sein Bruder Karl

vermachte der Stadt in dessen Namen Geld für den Er-
werb eines Stadtgartens. Eine Tafel, die an die Schenkung
erinnert, hat die Nazis überdauert und ist dort heute noch
zu sehen.

Alle drei Kinder von Adolf und Anna Netter erkrankten
an Tuberkulose. Cécile starb 1915 im Alter von zwanzig
Jahren in Berlin und Hélène 1922 in Davos, im Alter von
24 Jahren. Emil war der erste gewesen, der ganz plötzlich im Alter von 22 Jahren, kurz vor dem Ersten Weltkrieg, auf einer Fahrt nach New York krank geworden
war. Als der Krieg ausbrach, bedauerte er es sehr, mit
seinem Eliteregiment, dem Garde du Corps, nicht gegen
Frankreich in den Krieg ziehen zu können.

Während der Jahre in Davos hatte Emil Netter begonnen, sich für jüdische Themen zu interessieren, vor allem
für den Zionismus, auch wenn er sich selbst nicht als Zio-
nist bezeichnete. In Frankfurt wurde er Mitglied einer
Organisation, die der *Jewish Agency* angeschlossen war.
Gleichzeitig wurde er Mitglied der *Frankfurter Freunde
der Hebräischen Universität*. 1934 und 1935 sandte er
Hunderte von Büchern seiner Bibliothek an die Universität, in erster Linie Werke über jüngere deutsche Industrie-
geschichte.[4]

Als Emil Netter für gesund genug befunden wurde, um
zu heiraten, hatten die Ärzte seinen Gesundheitszustand
wohl überschätzt – vor allem im Hinblick auf die bevor-
stehenden Ereignisse. Nicht einmal der phantasievollste
Pessimist hätte sich einen industriellen Massenmord am
Fließband ausdenken können. Mein Stiefvater sah immerhin voraus, daß Juden in Deutschland nicht überleben
könnten, falls Hitler den Krieg begänne. Aufgrund seiner
langen Krankheit verfügte er jedoch nicht über die not-
wendige Kraft, Emigrationspläne zu schmieden. Meine

Mutter, die noch sehr an der Familie ihres ersten Mannes
hing, verkannte das Ausmaß der Gefahr. Die Kochs be-
zweifelten, daß sich die Nazis lange halten würden.
Emil Netter zog in Erwägung, nach Palästina auszuwan-
dern. Ein Jahr später war von Frankreich die Rede. Auf
jeden Fall sorgte er dafür, daß meine Schwester, mein Bruder und ich zum frühestmöglichen Zeitpunkt Deutschland verließen, mit welchem Ziel auch immer. 1934 nutzte
er seine Beziehungen in England, um dort eine geeignete
Schule für mich zu suchen.
Emil Netter beschrieb sich selbst als einen *ehrfürchtigen
Atheisten*, der weder an einen *Gottschöpfer* glaube noch
Pantheist sei. Sein Glaube war mystisch. Er akzeptierte
die Widersprüche und Paradoxien des Lebens von ganzem Herzen. »Für mich hat der Tod deshalb nie Schrek-
ken gehabt. Er war für mich immer der Schatten eines
sonnigen Lebens ...«[5] Er besaß eine Sammlung kleiner
mittelalterlicher Plastiken mit Darstellungen des Toten-
tanzes, die in einem Glasschrank seiner Bibliothek standen. An einem kalten Sonntag im Februar 1936 lieh er
sich von seinem Chauffeur einen Revolver (der Besitz von
Feuerwaffen war Juden verboten), ging in sein Büro und
erschoß sich.
Rabbi Prinz (ein junger Rabbi aus Berlin, der den Zioni-
sten nahestand und später in den USA zu den prominen-
testen Rabbis zählte) sprach am 12. Februar 1936 auf
demselben Friedhof eine Grabrede für Emil Netter, auf
dem siebzehn Jahre zuvor Rudolf Binding meines Vaters
gedacht hatte.

*Emil Netter, welcher ein ganzes Jahrzehnt seines Lebens
überspringen mußte, weil er ein ganzes Jahrzehnt seines
Lebens gelebt hat in einer umschlossenen und nur von*

*den Sorgen um den Körper umfriedeten Welt, hat nach
dieser Zeit den abenteuerlichen Kopfsprung in dieses Leben gewagt. Er konnte es nur ertragen, und er konnte die
Brücke zu diesem Leben nur schlagen, indem er sich zu-
sammenraffte zu dem großen Abenteuer, das Leben zu
lieben. Er liebte das Leben im Großen und vielleicht mehr
noch im Kleinen. ... denn er hat vielleicht das Leben ge-
liebt, so leidenschaftlich umarmt, weil seine Arme eigentlich schwach waren, und weil er diesem Leben gegenüber die große Furcht gehabt hat. ...*

*Und so wollen wir sein vielfältiges Leben sehen, einge-
bettet in tausend Sehnsüchte, in tausend und einen Traum,
und zerschellt an einer Wirklichkeit, welche so wirklich
ist, daß sie gar nicht mehr gedacht werden kann.*

## Ein Anruf aus Washington

*Else begriff, daß 1987 in Los Angeles für Omi immer noch 1937 in Würzburg war. Und der wahre Grund für alles war die Scham, eine siebzehnjährige Tochter mit einem Baby zu haben ...*

Susan Sheehan, *Sich nach nichts anderem zu sehnen*[1]

AN EINEM SONNTAG MORGEN im späten Oktober 1988
rief mich meine Schwester aus Washington an. Ich lebe in
Toronto. Wir rufen uns wechselseitig jeden Sonntag an.
Sie war an der Reihe.

»Hast du den Artikel im *New Yorker* gesehen?« fragte
sie. [2]

Hatte ich nicht.

»Bitte lies ihn. Sag mir nächste Woche, ob er dich an etwas erinnert.«

Es war die Geschichte einer angesehenen jüdischen Musik-
verlegerin in Hollywood, die ursprünglich aus Würzburg
stammte. 1937, als sie siebzehn war, wurde sie schwanger. Es war vier Jahre, nachdem Hitler an die Macht gekommen war. Die Beziehung zu ihrer Mutter war schlecht.
Als sie in der Schweiz ein kleines Mädchen zur Welt brachte, wurde sie von ihrer Mutter belogen, die behauptete,
das Kind sei gestorben. Tatsächlich war das Baby gesund
und zur Adoption freigegeben worden. Das »Baby« fand
dies heraus, als es ein Teenager war. Erst nachdem ihre
Adoptiveltern gestorben waren, unternahm die junge Frau
Schritte, um ihre leibliche Mutter zu finden. Inzwischen
war sie verheiratet und hatte selbst zwei Kinder. Sie versuchte, ihre Mutter aufzuspüren, und fand sie 1984. Die
Großmutter, die ihre Tochter damals belogen hatte, war
auch noch am Leben und wohnte in einem luxuriösen
Altersheim in Los Angeles. Als sie deswegen zur Rede
gestellt wurde, entgegnete sie nur: »So haben wir das
damals gemacht.«

Als ich die Geschichte las, wußte ich sofort, daß meine
Schwester von Robert sprach, Hélènes Baby.

Im März 1919, als Emil Netters Schwester Hélène noch
bei bester Gesundheit war, begleitete sie ihre Mutter nach
Zürich. Ihre Gesellschafterin, Anna Boell, war auch da-

bei. Sie waren wahrscheinlich auf dem Weg nach oder
von Davos, um Emil zu besuchen, und verbrachten einige Tage in dem prächtigen Dolder Grand Hotel. Es war
gerade vier Monate nach Kriegsende. Man kann sich das
Hotel leicht als Ort aufregender Aktivitäten aller Art vorstellen. Vielleicht kam unvermutet ein arbeitslos gewor-
dener bayerischer Spion herein, um beim »Tanztee« den
Foxtrott mit der kalifornischen Frau eines weißrussischen
Großfürsten zu tanzen, bevor er mit einem Tiroler Dada-
isten einen Absinth trank.

Eines Morgens – so erzählte mein Stiefvater meiner Mutter viele Jahre später – fand Anna Netter ihre Tochter
Hélène bewußtlos im Bett, betäubt und offenbar verge-
waltigt. Vielleicht war es der Mann gewesen, mit dem sie
am Abend zuvor getanzt hatte, ein griechischer – oder
ägyptischer – Diplomat?*

Neun Monate später wurde in Genf in aller Heimlichkeit
ein Junge geboren. Sein Name war Robert.

Sowohl in dem Zeitschriftenartikel als auch in der Net-
ter-Geschichte gab es eine jüdische Mutter und eine ver-
tuschte Geburt in der Schweiz.

Aber da war noch etwas anderes. Als der kleine Robert
1921 älter als ein Jahr war, wurde er zur Adoption an
einen lutherischen Pfarrer und dessen Frau in Fürstenberg an der Oder gegeben, weit von Frankfurt entfernt.
Damit war die Adoption eine weitere Gemeinsamkeit der
beiden Geschichten.

---

* Im Mai 1989 schrieb ich ans Dolder Grand Hotel, um zu fragen,
ob zufällig noch eine Gästeliste vom März 1919 existiere. Die Antwort lautete bedauerlicherweise Nein.

»Nun«, fragte meine Schwester eine Woche später, »was wirst du unternehmen?«

»Nichts«, sagte ich. »Ich habe zu tun.«

»Denk drüber nach. Wir werden nächsten Sonntag drüber reden.«

Ich dachte darüber nach. Ich fühlte mich nicht wohl dabei, weil wir 1951, dreißig Jahre nach Roberts Adoption, eine dramatische, unerwartete und außergewöhnliche Nachricht erhalten und nichts unternommen hatten. Zu jenem Zeitpunkt hatten wir zwar gute Gründe, nichts zu unternehmen, aber jetzt, 1988, besaßen wir kein völlig reines Gewissen.

Als meine Mutter\* 1951 als Verkäuferin in einem Kaufhaus in Washington arbeitete, erhielt sie einen Brief von einem Anwalt aus Genf. Anna Netter war dort im vorangegangenen März im Alter von 85 Jahren gestorben, kurz bevor sie ihre inzwischen sehr mageren Mittel aufgebraucht hatte. Sie hatte sich nach dem Selbstmord des letzten ihrer drei Kinder, unserem Stiefvater Emil Netter, im Februar 1936 nie erholt und Deutschland zwei Wochen später nach der Schweiz verlassen. Ich besuchte sie einmal in Zürich, kurz vor dem Krieg, doch sie und meine Mutter sahen sich nie wieder und ihr Verhältnis war kühl. Keiner von uns hatte 1951 enge Verbindungen zu irgendeinem anderen Mitglied der Familie Netter.

---

\* Im Februar 1939, gerade noch rechtzeitig, hatte unsere Mutter ihr Leben gerettet, indem sie Deutschland verließ und nach London ging. Sie war dort während des Blitzkrieges und überquerte dann in einem Seetransport im Oktober 1943 den Atlantik, um zu meiner Schwester in New York zu stoßen. Der Mann meiner Schwester, ebenfalls Flüchtling aus Deutschland, war in der amerikanischen Armee – wie mein Bruder, der 1937 nach New Orleans emigriert war.

Meine Mutter war als eine von Anna Netters Erben genannt worden. Aber natürlich gab es nichts weiter zu erben als einen nicht sehr wertvollen Ring. Wie auch immer, der Brief des Genfer Anwalts setzte uns über etwas
ganz anderes in Kenntnis: Anna Netters Testament wurde von einer Dame angefochten, die in der kleinen Stadt
Mölln, östlich von Hamburg, lebte und sich selbst als
eine Netter betrachtete – die Witwe von Hélènes Sohn
Hilmar. Wir erfuhren bald, daß Roberts Name nach der
Adoption in Hilmar abgeändert worden war.
Diese Frau, Brunhilde Netter, focht das Testament im Namen ihrer zwei Kinder an. Nach dem deutschen Gesetz besaßen sie das Recht, am Erbe ihrer Urgroßmutter teilzu-
haben, auch wenn diese zum Zeitpunkt, als sie das Testament verfaßte, nichts von deren Existenz gewußt hatte.
Hilmar war es untersagt worden, Brunhilde zu heiraten,
weil »er jüdischer Abstammung war, und solche Ehen zu
jener Zeit nicht erlaubt waren«. Nach dem Krieg war die
Heirat anerkannt und die Kinder für ehelich erklärt worden.
Dann folgte die erschütternde Nachricht: Aufgrund seiner »jüdischen Abstammung« war Hilmar in ein Konzentrationslager geschickt worden und am 22. Juli 1945
in Gusen bei Mauthausen, Österreich, »an den Folgen
seiner Gefangenschaft« gestorben, wie es hieß.
Er war wahrscheinlich eines der lebenden Skelette, an die
wir uns aus der Wochenschau erinnern.
Unsere Mutter setzte sich nach einigem Zögern mit den
anderen Erben in Verbindung. Keiner war darauf vorbereitet, mit der Anfechtung umzugehen oder sich mit Brunhilde in Verbindung zu setzen, um ihr Hilfe anzubieten.
Jeder hatte dringendere Sorgen. Der Holocaust hatte in
unserer unmittelbaren Verwandtschaft Opfer gefordert.

Ich war weit weg und hatte andere Dinge im Kopf.* Außerdem, bekenne ich, waren wir ein wenig befremdet von
dem Wagnerschen Namen Brunhilde.

Ein eigenes Kapitel in der Geschichte der deutschen Juden könnte der Verehrung gewidmet werden, die unsere
Großeltern dem Antisemiten Richard Wagner entgegen-
brachten. Diese hatte nicht das geringste mit ihrer Wert-
schätzung – oder Geringschätzung – für den Komponisten zu tun. Es war eine politische Geste und keine künst-
lerische Beurteilung. Er wurde durchaus nicht von allen,
aber doch von vielen verehrt. Manche nannten ihre Söhne Siegfried, um ihrer diffusen Neigung zum Hoheprie-
ster der deutschen Kultur Ausdruck zu verleihen. Aber
von einer jüdischen Brunhilde hatte ich bis dahin noch
nie gehört.

Meine Mutter schrieb dem Anwalt in Genf einen höfli-
chen Brief, daß wir zu unserem großen Bedauern nicht in
der Lage seien, etwas für Brunhilde Netter und ihre zwei
Kinder in Mölln zu tun.

Deshalb hatten wir 1988 kein vollkommen reines Gewissen.

---

* Ich war von 1937 bis Mai 1940 Student in Cambridge gewesen,
als die Briten berechtigterweise Angst vor einer möglichen Invasion
hatten, die dem Angriff auf Holland folgen konnte. Ich wurde als
»feindlicher Ausländer« interniert – also als potentieller Nazispion
– und zusammen mit vielen anderen Flüchtlingen, die praktisch noch
deutsche oder österreichische Bürger waren, im Juli nach Kanada
verschifft. Nachdem ich anderthalb Jahre hinter Stacheldraht verbracht hatte, drei Monate in England und den Rest in Kanada, kam
ich Ende 1941, eine Woche vor Pearl Harbor, frei, um mein Studium
an der Universität von Toronto fortzusetzen. Ich machte meinen
Abschluß im Frühling 1943, kurz bevor meine Mutter in New York
ankam. 1944 war ich dem Internationalen Dienst des CBC beigetreten, der zweimal täglich auf Kurzwelle nach Deutschland sendete.
Siehe Eric Koch, *Deemed Suspect* (Toronto: Methuen, 1980).

»Hast du darüber nachgedacht?« fragte mich meine Schwester am folgenden Sonntag.

»Hab' ich«, antwortete ich.

»Und?«

Ich beschloß, sie ein wenig warten zu lassen. Über die Jahre hatten wir gelegentlich über Robert-Hilmar gesprochen. Wir hatten uns gefragt, was für ein Mensch er wohl war. Waren seine Adoptiveltern Nazis? Wußten sie, daß er »Nichtarier« war? Wenn ja, hatten sie es ihm gesagt? Besaß er irgendwelche Eigenschaften der Netter-Familie? War er bei der Hitlerjugend gewesen? Er war gerade in dem Alter, um ein richtig guter Nazi zu werden. Warum nicht? Beinahe jeder in seinem Alter war Nazi. War es ein Schock für ihn, als er erfuhr, daß er jüdisches Blut hatte? Wie der fünfzehnjährige idealistische Nazi, der in einer erhitzten Auseinandersetzung über die Nazis von seiner Mutter erfuhr, daß er das Kind eines jüdischen Liebhabers war, und nicht der Sohn seines Vaters, für den er sich hielt? Der Junge rannte davon und warf sich vor einen Zug.

War Hilmar in der Wehrmacht gewesen? Vielleicht hatte er mit Feldmarschall Rommel in der Wüste gekämpft, oder mit Feldmarschall Paulus in Stalingrad. Und plötzlich ein Klopfen an der Kasernentür – Arrest, Mauthausen, dann der Tod. Wenn Juden, Zigeuner, Homosexuelle, politische und religiöse Nazigegner sowie Bürger besiegter Länder verfolgt wurden, wußten sie gewöhnlich warum. Wußte Hilmar es auch?

Dies waren die Fragen, die wir uns stellten. Aber aus irgendeinem Grund hatten wir über Brunhilde nicht viel nachgedacht.

»Brunhilde muß eine außergewöhnliche Frau sein«, sagte meine Schwester.

»Falls sie noch am Leben ist«, bemerkte ich bitter.

»Ja, falls sie noch am Leben ist.« – »Sie verliebte sich«, fuhr meine Schwester fort, »in einen Mann, von dem sie wußte, daß sie ihn nicht heiraten konnte. Ein Mann, in den sich zu verlieben verboten war. Und äußerst gefährlich. Und das zu einer Zeit, in der es so aussah, als ob die Nazis den Krieg gewinnen würden.«

Sie hielt inne. »Nun, wirst du versuchen, sie zu finden?«

Ich holte tief Luft. »Natürlich«, antwortete ich.

Das erstaunte sie nicht.

»Und falls sie noch lebt und am Telefon vernünftig klingt, kannst du sie ja fragen, ob wir sie besuchen dürfen?«

»Gute Idee.«

»Nächsten Sommer?«

»Warum nicht? Ich werde mein Tonbandgerät mitnehmen.«


Ich begann sofort mit der Arbeit. Es kann nicht viele Brunhilde Netters in Deutschland geben, dachte ich. Ich schlug in den Telefonbüchern der großen Städte nach. Das brachte mich nicht weiter. Dann rief ich den Anwalt in Mölln an, der 1951, vor 37 Jahren, in Brunhildes Auftrag an Anna Netters Anwalt in Genf geschrieben hatte. Er lebte noch und erwies sich als freundlicher alter Mann, der jetzt pensioniert war. Ich sagte, daß ich vom Rundfunk in Kanada und ein entfernter Verwandter von Brunhilde Netter sei. Es tat ihm leid, er erinnerte sich nicht an den Fall. Schließlich lag er lange zurück. Ich fragte ihn, ob er vielleicht in der Lage wäre, mir bei der Suche nach ihr zu helfen. Er antwortete, er würde sein Bestes tun, aber ich müßte Geduld haben. In Deutschland würden diese Dinge in der Regel lange Zeit dauern.

Einen Tag später rief er mich zurück. In der Zwischenzeit

hatte meine Schwester in Washington ebenfalls die Telefonbücher nachgeschlagen, sich aber klugerweise auf Norddeutschland, auf Orte in der Nähe von Mölln beschränkt. Sie hatte eine Brunhilde Netter in Kiel gefunden, als der Anwalt anrief, um mir aufgeregt zu erzählen, daß er Brunhilde ausfindig gemacht habe: und zwar *in Kiel*. Sie war nicht nur am Leben, er hatte auch schon mit ihr gesprochen. Und sie hatte sich bereiterklärt, mit mir zu reden.

Mein Herz schlug wild, als ich ihre Nummer wählte.

Eine alte Dame antwortete.

Ich stellte mich vor. Ich sagte, ich sei ein entfernter Verwandter. Mein Stiefvater, erklärte ich, sei der Bruder von Hilmars Mutter. Ich nähme an, daß dies das erste Mal seit der Adoption 1921 sei, daß irgend jemand von den Netters mit ihr oder ihrer Familie Kontakt hätte.

»Ein bißchen enttäuschend, oder?« entgegnete sie.

Offenbar besaß Brunhilde einen trockenen Humor.

»Meine Schwester und ich würden Sie gerne treffen. Wäre das nächsten Sommer möglich?«

»Natürlich.« Sie klang ein wenig heiser. Vielleicht ist sie eine starke Raucherin, dachte ich.

»Könnten wir auch die Kinder treffen?«

»Nichts leichter als das. Beide leben in meiner Nähe.«

*Baron Moritz von Maucler (oben links, Sammlung Mia von Maucler)*

*Baroness Emilie von Maucler (oben rechts und unten, Sammlung Mia von Maucler)*

## Odette

*Ich muß dir erzählen, was passiert ist! Unlängst ging ich in Kochs Juweliergeschäft, und Koch selber kam in den Laden und fragte mich, ob ich Zeit hätte, mir etwas anzuschauen, das er insbesondere mir zeigen wollte. So ging ich mit ihm in das kleine Privatzimmer, das sie haben, und er brachte mir das schönste Diamantendiadem, das ich jemals gesehen habe! Er erzählte mir, daß es der Großherzogin Serge von Rußland gehört hatte, die nach der Ermordung ihres Mannes in ein Kloster gegangen war und ihre Juwelen ihrem Bruder, dem Großherzog von Hessen, in der Nähe von Darmstadt, zum Verkauf geschickt hatte. Das ist der Grund, weshalb Koch sie zum Verkauf hatte.*

Leila von Meister, *Gathered Yesterdays*[1]

FRANKFURT, 1910. Otto Koch, 26 Jahre alt, unverheiratet, der auserkorene Erbe von Robert Koch, einem der großen Juwelierläden Europas, hatte eine Liebesaffäre mit Emmy Herold, einer schönen Verkäuferin eines eleganten Geschäfts in der Nähe. Sie kam aus Nürnberg und war sieben Jahre älter als er. Sie wurde schwanger, woraufhin Ottos Onkel, Louis Koch – der Chef des Geschäfts und Familienoberhaupt seit 1902, dem Tod seines älteren Bruders Robert – sie dem Baron Moritz von Maucler, einem Angehörigen einer vornehmen süddeutschen Familie, vorstellte. Der Baron heiratete sie. Während des Krieges, als er an der Front war, lebten die Baronesse und ihr Kind in dem Schloß seiner Ahnen in Oberherrlingen nahe Ulm.

Mein Großvater Robert Koch hatte mit nichts angefangen. Er war der Sohn eines Arztes in der Kleinstadt Geisa in Thüringen und der Enkel eines Landjuden, der eine Mischung aus Jiddisch und dem Ortsdialekt sprach. (Heute gibt es keine Landjuden mehr in Deutschland. Siebzig Prozent der wenigen Tausend Juden in Deutschland leben in nur sechs Gemeinden in sechs Großstädten.) Er hatte die Begabung, den Reichen und Mächtigen zu gefallen, ohne unterwürfig zu sein. Außerdem besaß er eine seltene mathematische Veranlagung: Er konnte, wie man uns erzählte, vierstellige Zahlen im Kopf multiplizieren. Das hatte er als Buchhalter einer Bank gelernt, bevor er das Geschäft gründete. Außerdem war er ein schöner Mann.

Sein Neffe, Dr. Richard Koch, beschrieb ihn folgendermaßen:

*Er [Robert Koch] war größer als der Durchschnitt, hatte regelmäßige Gesichtszüge, lebhafte dunkle Augen und*

*einen großen schwarzen Schnurrbart. Die Leute sahen in
ihm eine große Ähnlichkeit mit Napoleon, die ich nie entdecken konnte. Für mich sah er mehr wie ein französischer General oder ein französischer Diplomat aus. Er
konnte sehr liebenswürdig und freundlich sein, obwohl
er gewöhnlich grimmig schaute. Reiten war sein erstes
teures Hobby, und wann immer wir ihn während unserer
Spaziergänge im Park zu Pferde trafen, war ich höchst
positiv beeindruckt.* [2]

Als Robert Koch starb, war er fünfzig Jahre alt. Das flo-
rierende Geschäft sollte demnächst in der Kaiserstraße
25 eingerichtet werden, in einem 1875 im Stil eines
Renaissancepalasts für den Bankier Carl Müller errichteten Gebäude. Es war nach Entwürfen von Paul Wallot,
dem Architekten des Berliner Reichstags, erbaut worden.
Heute steht das Gebäude offiziell unter Denkmalschutz
und ist an eine Niederlassung der ältesten Bank der Welt
vermietet, der 1472 gegründeten Monte dei Paschi di Sie-
na.
Robert hinterließ das Geschäft seinem zehn Jahre jüngeren Bruder Louis. Dieser erweiterte es und verbreitete
seinen guten Ruf. Ein Kunsthistoriker erinnerte sich:

*Der Einkauf wurde sozusagen für Generationen vorge-
nommen, vererbbar, wie solche Perlenketten waren, und
teilbar. Eine dieser legendären Nabelschnüre, aufgereihte
rosige Gebilde, vererbte meine Großmutter meiner ersten
Frau auf ihre Enkelinnen, und jede der jungen Frauen
erhielt so noch eine Halskette von auffälliger Schönheit
des Schmelzes, der Form.* [3]

Louis Koch war ein Verkaufsgenie. Wenn er mit einem

sprach, hatte man das Gefühl, daß man ihm alles bedeutete. Später wurde sein Ruf als Sammler von Musikautographen größer als sein Ruhm als Juwelier. Der österreichische Autor Stefan Zweig, ebenfalls ein Sammler von
Autographen, schrieb: »Die Sammlung Koch ist ein eu-
ropäisches Ereignis.«[4] Onkel Louis sammelte auch alte
Ringe, Gemälde und Radierungen.

Seine Sammlung von Musikautographen enthielt neben
vielen anderen Schätzen Bachs Kantate *Gott, wie dein
Name, so ist auch dein Ruhm,* die handschriftliche Partitur von Mozarts Oper *Der Schauspieldirektor,* Beethovens Klaviersonate Opus 101 sowie seine Diabelli-Varia-
tionen Opus 120, Schuberts *Die Forelle,* seinen Liederzy-
klus *Die Winterreise,* seine letzten drei Klaviersonaten
und die Partitur von Brahms' Zweiter Symphonie, ganz
zu schweigen von Briefen Mozarts, Beethovens und Schuberts, sowie das Musikalbum der Prinzessin Maria Witt-
genstein mit Wagners Zitat von Wotans Abschied aus der
Schlußszene der *Walküre.*[5]

Robert und Louis Koch waren Hofjuweliere. Sie besaßen
Privilegien von vielen fürstlichen Häusern innerhalb und
außerhalb Deutschlands. Ihr Aufstieg zu solchen Höhen
war sorgfältig geplant worden. Dr. Richard Koch erinnert
sich aus seiner Schulzeit noch an seinen Onkel Louis:

*Er leistete seinen Militärdienst bei den Bruchsaler gelben
Dragonern, einem vornehmen Regiment. Wie er sich dies
leisten konnte, weiß ich nicht. Aber ich weiß, daß es zu
dem Plan von Großmutter und Onkel Robert paßte, der
vorsah, daß er die Chance bekommen sollte, sich unter
die feine Gesellschaft zu mischen, um für das Juweliergeschäft Kontakte zu knüpfen. Obgleich er als Jude [in Frie-
denszeiten] niemals Offizier werden konnte, ging dieser*

*Plan perfekt auf. Es stand außer Frage zu konvertieren*
*… er war ein äußerst eleganter und geselliger junger Mann*
*und ein sehr guter Reiter … Und ich freute mich, einen*
*Onkel in einer hellblauen und gelben Uniform zu haben.*[6]

Später gehörte der Kaiser zu seinen Kunden, so wurde es
mir zumindest berichtet. Nachdem er ordnungsgemäß
abgesetzt und ins Exil geschickt worden war, wurde mir
das *Kaiserzimmer*, das prächtige Zimmer im hinteren Teil
des Geschäfts, gezeigt, wo der Kaiser angeblich empfangen wurde, wenn er nach Frankfurt kam. Ich habe keinen Beweis dafür, daß er jemals die Türschwelle dieses
Zimmers überschritten hat, aber es war zweifellos während der Weimarer Republik ebenso werbewirksam wie
in den Glanzzeiten des Kaiserreichs. Ich entsinne mich an
den Schrank, in dem mein Bruder und ich unsere Zinn-
soldaten und unsere elektrische Eisenbahn aufbewahrten.
Dort befand sich lose in einem unserer Bücher – wahrscheinlich im *Struwwelpeter* – eine Bleistiftskizze eines
Diadems, angeblich für die Kaiserin bestimmt, das, wie
uns unser Kindermädchen mit der gebührenden Ehrer-
bietung erzählte, Seine Hoheit, der Kaiser, eigenhändig
gezeichnet hatte.
Man fragt sich, ob solch ein großer Wirbel um die angeb-
liche Koch-Kaiser-Beziehung gemacht worden wäre, wenn
dieser seine virulent antisemitischen Ansichten nicht nur
privat gegenüber seinen Intimfreunden, sondern auch
unverblümt in der Öffentlichkeit geäußert hätte, wie dies
sein Nachfolger Adolf Hitler tat. Nach einer neuen Un-
tersuchung des britischen Historikers John C.G. Röhl hat
er viele Ansichten des Diktators vorweggenommen, einschließlich des Vorschlags einer »Endlösung« durch Gas:

*Der Kaiser hielt ein »reguläres internationales Allerwelts-
Pogrom à la Russe« für »das beste Heilmittel«. »Juden
und Mücken«, schrieb er im Sommer 1929, seien »eine
Pest, von der sich die Menschheit so oder so befreien
muß.« Eigenhändig fügte er hinzu: »Ich glaube, das Beste wäre Gas.«*

An seine Schwester schrieb er jubilierend, nachdem der
Krieg ausgebrochen war:

*»Die Hand Gottes schafft eine neue Welt und wirkt Wun-
der ... Wir werden die Vereinigten Staaten von Europa
unter deutscher Führung, ein vereinter europäischer Kon-
tinent, den niemand je zu erhoffen wagte.« Und mit un-
verhohlener Freude fügte er hinzu: »Die Juden verlieren
ihre unheilvollen Positionen in allen Ländern, die sie seit
Jahrhunderten zur Feindlichkeit getrieben haben.«*[7]

Man kann nur hoffen, daß die 467 Angehörigen der Jüdischen Gemeinde in Frankfurt, deren gedacht wird, weil
sie im Ersten Weltkrieg ihr Leben »für das Vaterland«
gaben, das »Vaterland« nicht mit dem Mann gleichsetz-
ten, der sich der Öffentlichkeit als dessen reine Verkörpe-
rung vorstellte. Einige mögen diese Bemerkungen des Kaisers als gewöhnliche, vulgäre Großtuerei abtun, wie sie
von dieser Karikatur eines Herrschers nicht ernstzuneh-
men und nicht anders zu erwarten sind. Man sollte annehmen, daß weder er noch irgend jemand anderes das
mit dem Gas wörtlich nehmen konnte – bis einer wie
Hitler kam. Außerdem kann man annehmen, daß er in
seinem langen Leben zumindest bei ein paar Gelegenheiten wohlwollendere Meinungen über dieses Thema von
sich gegeben hat. Dennoch, John C. G. Röhls Darstel-

lung der Position des Kaisers, wie er sie im Alter von siebzig Jahren zum Ausdruck brachte, geht weit über den
»normalen« gesellschaftlichen Antisemitismus, wie er in
der Oberschicht und bei Millionen anderen in jener Zeit
in Europa üblich war, hinaus.
Für die Kochs war dieser »normale« Antisemitismus
selbstverständlich, doch sie waren erfolgreich und opti-
mistisch und überzeugt vom endgültigen Sieg der Ver-
nunft, von Toleranz, Mäßigung und anderen Idealen der
Französischen Revolution, der sie nicht allzu lange vorher die Befreiung aus dem Ghetto verdankten und die
nun nicht gerade die Sache des Kaisers war.

Die Dame, die meinem Großvater in den achtziger Jahren des vorigen Jahrhunderts bei seiner Karriere Start-
hilfe leistete, war Marie, die Tochter von Stephanie Beau-
harnais, Großherzogin von Baden und Nichte von
Joséphine Bonaparte. Robert Koch hatte Marie bezau-
bert. Sie residierte in Baden-Baden, wo er für die Dauer
der Saison eine Filiale eröffnet hatte. In ihrem Salon führte
sie ihn bei der gehobenen Gesellschaft ein. Jedes Jahr traf
sich die *beau monde* in Baden-Baden zu den Pferderen-
nen und zum Spielen im Kasino. Was eignet sich besser
als ein Perlencollier für die Frau, die Tochter oder die
Geliebte, um die Gewinne anzulegen?
Der Name Bonaparte hatte für Robert und Louis Koch
einen besonderen Zauber. Die Familie Koch wollte unbedingt glauben, daß sie direkte Nachkommen Napoleons
seien. Die Wände in der Wohnung meiner Großmutter
Koch – Roberts Witwe – in Frankfurt waren mit Bildern
des Kaisers geschmückt. Onkel Louis hatte eine Sammlung von Napoleons Briefen, einschließlich eilig gekrit-
zelten Briefen auf Papier aus der Französischen Revoluti-

on (der Briefkopf lautete »*Liberté, Fraternité, Égalité*«),
in denen der junge General Josephine während einer seiner Italienfeldzüge anflehte, ihn umgehend in Mailand
zu treffen, damit sie nochmals die Hochzeitsfreuden genießen könnten, die sie in Fontainebleau in der Nacht
vor seiner Abreise genossen hatten.

Wie kam Napoleon, der Koch-Legende zufolge, in die
Familie?

Robert Kochs Großvater Shmuel lebte in Stadtlengsfeld,
einem kleinen Dorf, das heute nicht viel größer ist als
damals. Der Name seiner Frau lautete Esther. Mir war
erzählt worden, sie seien auf dem jüdischen Friedhof außerhalb des Dorfes beerdigt worden, doch konnte ich ihre
Grabsteine nicht identifizieren, als ich 1989 dort nach
ihnen suchte, da sie sich unter den älteren Gräbern mit
hebräischen Inschriften befanden.

Esther hatte rotes Haar, war groß und schön. Stadtlengsfeld liegt über hundert Kilometer von Jena entfernt, wo
Napoleon am 14. Oktober 1806 die Preußen schlug. Es
war Napoleons Gewohnheit, seine Männer die schönste
Frau in der Umgebung ausfindig machen und zu sich ein-
laden zu lassen, um seinen Sieg mit ihm zu feiern. Esther
erhielt ebenfalls eine solche Einladung. Das Ergebnis – so
glaubte man – war mein Urgroßvater Hermann, ursprünglich Chaim oder Hirsch. Shmuel spielte in dieser Geschichte keine Rolle.

Hermann studierte Medizin. Wo, wenn nicht bei seinen
Verwandten, den Erben Bonapartes in Paris, hätte er die
Mittel finden können, um sein Studium zu finanzieren?

Irgendwann um 1900 herum prüfte jemand den Grab-
stein von Dr. Hermann Koch und stellte fest, daß er am
4. Dezember 1808, 26 Monate nach der Schlacht von
Jena geboren wurde. Es gibt keinen Nachweis, daß er

jemals behauptet hätte, der Sohn von Napoleon zu sein.
Richard Koch erinnerte sich:

*Als er [mein Großvater] zehn Jahre alt war, lebte der Ver-*
*bannte auf St. Helena noch, und vor oder nach der*
*Schlacht bei Leipzig kann er ihn gesehen haben, denn*
*damals war der Knabe immerhin schon fünf Jahre alt.*
*Sicher aber hatte er Erinnerungen an diesen Mann aus*
*den Märchen und aus der Traumwelt der Knaben, der*
*für die Juden einen fast messianischen Glanz hatte, denn*
*er war ihr Befreier [wohin er auch ging, öffnete er die*
*Ghettos] und der lebendige Beweis dafür, daß man aus*
*niedrigem Stande von jetzt an zu jeder Menschenhöhe*
*emporsteigen kann. So war der Napoleonkult bei den*
*Juden fast zur Religion geworden, besonders seit ihr Held*
*vom unbedeutenden reaktionären, aber übermächtigen*
*und tückischen Feind besiegt, am Ende der Welt mitten*
*im Meer auf eine Felseninsel verbannt war. Bis zu seinem*
*Tode muß ein großer Teil der Menschen geglaubt und*
*gehofft haben, daß er strahlend und siegreich wieder in*
*Europa an der Spitze seiner Armee auftaucht, alles Böse*
*und Trübe in Stücke schlägt ...*
*Der Großvater hat später erzählt, wie er als Junge am*
*Eck des Familientisches studiert hat. Wir wissen aber lei-*
*der nicht, was das für ein Junge war. Erst als Student*
*gewinnt er Gestalt. Und aus dieser seiner zukünftigen*
*Gestalt geht hervor, daß der Knabe, der da in trüben,*
*engen, niedrigen Stuben am Tisch gehockt hat, kein blas-*
*ses Judenkind mit großen dunklen Augen und altklugen,*
*durchgeistigten Zügen gewesen ist, sondern ein gesun-*
*der, derber Junge ohne besondere geistige Bedürfnisse und*
*ohne brennenden Ehrgeiz, aber mit lebhaftem Tempera-*
*ment und willenskräftigem Ernst. Er mag sich für die*

*Schule den notwendigen Fleiß mit Mühe abgerungen ha-*
*ben, denn was auf der Straße und im Feld vorging, hat*
*ihn gewiß mehr interessiert. So wie er später ein gewalt-*
*samer Mann gewesen ist, so wird er ein trotziger Junge*
*gewesen sein, mit starkem Rechtsgefühl und von emp-*
*findlichem Selbstgefühl. Wie er ein stattlicher Mann wur-*
*de, so mag er ein besonders wohlgestaltetes Kind gewe-*
*sen sein. So mag er Hänseleien und Quälereien, denen er*
*als jüdischer Junge selbstverständlich ausgesetzt war, bit-*
*ter empfunden haben und noch bitterer die selbstverständ-*
*liche Verachtung. Wahrscheinlich hat er früh die Erfah-*
*rung gemacht, daß ein starker Arm, ein herrisches We-*
*sen, ein tatkräftiger Stolz in diesen Kämpfen gute Waffen*
*sind ...*[8]

Die Folgerungen daraus sind klar: Ein entschlossenes
Auftreten ist nicht nur notwendig, um sich auf der Straße
und an der Front zu verteidigen, sondern auch um in die
vornehme Welt zu gelangen. In der Generation, die meinem Großvater folgte (er blieb 34 Jahre lang Kleinstadtarzt in Geisa), machten die Koch-Juweliere durch Charme
und mit napoleonischer Geschwindigkeit ihren Weg nach
oben. Bis 1913 waren sie Millionäre.[9]
Im selben Jahr errichteten sie eine Stiftung für das St.-
Elisabeth-Hospital in Geisa, die es ermöglichte, einen
Operationssaal mit dem kompletten Instrumentarium ein-
zurichten.[10] Am Eingang des Hospitals wird an diese Stiftung auf einer Bronzetafel erinnert, die während der Nazizeit vorsorglich versteckt worden war. Nach dem Krieg
wurde sie wieder an ihrem ursprünglichen Platz am Eingang angebracht.

Wie jüdisch waren die Kochs? Der Patriarch, Dr. Her-

mann Koch, konnte noch Hebräisch, aber er ging nur
selten in eine Synagoge und beachtete nur gelegentlich
die Feiertage.

Seine Heirat mit Regina Frank (die in meiner Kindheit immer *Großmutter Doktor* hieß) war durch einen *Schadchen*
(einen Makler) vereinbart worden. Ihre Familie war »besser« als seine. Ihr Vater, Loeb Frank, war ein reicher Juwelier und Weinhändler gewesen. Er hatte jedoch sein
ganzes Geld verloren. Deshalb mußte sich Regina mit einem armen Kleinstadtarzt zufriedengeben. Bald wurde
daraus innige Liebe. Sie hatten neun Kinder, von denen
fünf die ersten Jahre überlebten. 1870 erlitt Hermann
während einer Entbindung seiner Frau einen Herzanfall
und starb. Seine Kinder ehrten sein Andenken.

Lassen Sie mich eine weitere Stelle aus Richard Kochs
Erinnerungen zitieren:

*In den Bergen und bei jedem Wetter die ganze Nacht auf
Abruf zu sein, war anstrengend und sogar gefährlich.
Großmutter (die ich nur als alte Frau in Erinnerung habe)
konnte uns nicht oft genug erzählen, wie ängstlich sie
während solcher Nächte gewesen war. Sie erzählte uns
auch, daß der wahre Grund, weshalb sie keinen Schin-
ken aß, war, daß sie es in einer Nacht getan hatte, als sie
mit ihren zerfledderten Gebetsbüchern für ihn betete.
Später betete sie für das Wohl ihrer Kinder und Enkel-
kinder, deren Gesundheit und Erfolg. Womöglich führte
sie immer noch in irgendeiner Form einen rituellen Haus-
halt. Einer der Gründe muß ihr Wunsch gewesen sein,
die jüdischen Patienten ihres Mannes zufriedenzustellen.*[11]

Dr. Koch starb beinahe mittellos. Er hatte es oft versäumt
oder abgelehnt, etwas für seine Dienste als Arzt zu be-

rechnen. Robert war achtzehn, Louis acht Jahre alt. Ihre
Mutter nahm sie und ihre anderen drei Kinder und zog
nach Frankfurt, wo sie unter den Abkömmlingen des
Ghettos, das die Rothschilds hervorgebracht hatte, einen
wohlhabenden Ehemann für ihre Tochter und vier wohlhabende Frauen für ihre Söhne zu finden hoffte. Anscheinend wählte ihre Tochter Dorchen, eine begabte Piani-
stin, ihren Ehemann selbst und zog mit ihm nach Paris.[12]
Der ungarische Juwelier sollte sich für Robert Koch später noch als nützlich erweisen.

Zu gegebener Zeit fand jeder der vier Söhne eine Frau
mit angemessener Mitgift. Robert Kochs Auserwählte war
Flora Cassel, meine Großmutter. Der Name ihres Vaters,
Moses Cassel, taucht zusammen mit Amschel Mayer
Rothschilds Namen in der Urkunde auf, die den Einwoh-
nern des Frankfurter Ghettos die bürgerlichen Rechte ga-
rantiert.[13]

Also wie jüdisch waren die Kochs?

Noch ziemlich jüdisch in der Generation meines Großva-
ters, selbst wenn die religiöse Bindung – auf keinen Fall
die soziale Bindung – mit wachsendem Erfolg schwächer
wurde. Sie waren sehr weltlich, aber zu stolz, ihren Glauben aufzugeben. Zu konvertieren stand außer Frage, auch
wenn nur wenige Nichtjuden sie zu sich nach Hause ein-
luden, solange sie sich als Juden bezeichneten. Es gab keine
Mischehen.

Richard Koch ging im letzten Jahrzehnt des vorigen Jahrhunderts zur Schule:

*In unserer Familie hatten wir nur jüdische Bekannte (aber
wir vermieden den Gebrauch von jüdischen Worten). Mit
einer Ausnahme – in Onkel Louis' Juweliergeschäft gab
es einen nichtjüdischen Angestellten, der sich ein umfang-*

*reiches Wissen von jüdischen Ausdrücken angeeignet hat-*
*te, wahrscheinlich weil er mit vielen jüdischen Händlern*
*zu tun hatte. Durch dieses Hintertürchen kam die sorg-*
*fältig vermiedene Sprache wieder hinein. Mein Onkel*
*Robert war der erste, der begeistert von ihr Gebrauch*
*machte. Er liebte es, dies in der Familie und gegenüber*
*Freunden bei den feierlichsten Gelegenheiten zu tun. Sein*
*ältester Sohn Otto war der nächste, der nicht viel später*
*von Max, seinem jüngeren Bruder, imitiert wurde. Die*
*Frauen hielten dem viel länger stand. Meine Mutter be-*
*stand immer darauf: »Entweder sprichst du Hebräisch,*
*oder du sprichst Deutsch.«*
*Trotz all der Veröffentlichungen, die das Gegenteil fest-*
*stellen, litten wir nur sehr wenig oder überhaupt nicht*
*unter Antisemitismus. Jeder war uns gegenüber höflich,*
*und überall wurden wir respektvoll behandelt. ... In*
*Frankfurt war uns keine Tür verschlossen. ... Es schien*
*nur natürlich, daß sich die Erwachsenen in unserer Fa-*
*milie nicht mit Nichtjuden einließen.* [14]

Mit Freude stelle ich fest, daß es meinem Vater als Ju-
gendlichem in den neunziger Jahren des letzten Jahrhunderts Spaß gemacht hat, die Deutschpuristen in der Familie zu hänseln. Später, als er während des Ersten Weltkriegs an der Front kämpfte, kann ihm nicht viel daran
gelegen haben, als Jude identifiziert zu werden. Aber er
hat niemals geleugnet, einer zu sein, wie einer weiteren
Stelle aus Rudolf Bindings Kriegstagebuch zu entnehmen
ist, das 1915 an der Westfront geschrieben wurde.

*Aber trotzdem ich voll überzeugt bin, daß der Krieg die*
*Beförderung von jedem, der sich in hohem Maße aus-*
*zeichnet, ganz und gar rechtfertigt, und ich gerade aus*

*dieser Erwägung für sie eintrete, beweisen doch viele Fälle,*
*daß sich die Juden oft nicht zu Offizieren und zu Befehls-*
*stellen eignen. Daher es gerade um ihretwillen schwer zu*
*verantworten ist, sie zu Offizieren zu machen!*
*Ich habe mir lang überlegt, woran es nun eigentlich liegt.*
*Es ist, wie ich mir denke, so als ob man von einem durch*
*Inzucht auf gewisse bestimmte, sich immer wieder durch-*
*setzende Eigenschaften gezüchteten Wesen verlangen*
*würde, es solle plötzlich Eigenschaften äußern, die ihm*
*nach dem für es angewandten Zuchtsystem gar nicht ei-*
*gen sind. Es gibt ja auch andere Berufe, die der Jude in-*
*stinktiv von sich oder für sich ablehnt, einfach nicht er-*
*greift. Und ich bin überzeugt, daß er innerlich kein Offi-*
*zier ist, wie mir auch mein prächtiger K. bestätigt, der als*
*Jude von den Juden sagte: »Ich muß sie doch kennen.«*
*Man nehme einmal an, wir hätten ein Söldnerheer. Wür-*
*de wohl der Jude das Soldatsein zu seinem Beruf erwäh-*
*len? Daß er sich zum Offizier tauglich fühlt, liegt nicht*
*daran, daß er es ist, daß er geborener Offizier ist, son-*
*dern daran, daß er beweisen will, er könne es auch.* [15]

Noch einmal Frankfurt, 1910. Als Emmy Herold bemerk-
te, daß sie schwanger war, erzählte sie es meinem Vater.
Ich habe keinen Nachweis, doch ich stelle mir vor, daß
sich etwa folgendes ereignet hat: Mein Vater besuchte
Onkel Louis, der zwei Töchter hatte und meinen Vater
als seinen Sohn und Erben betrachtete.
»Kannst du dich an das Treffen mit Emmy erinnern«,
fragte mein Vater.
»Natürlich, ein reizendes Mädchen.«
»Sie erwartet ein Kind.«
Onkel Louis überlegte einen Moment. »Mein Junge, mach
dir darüber im Augenblick keine Sorgen«, sagte er. »Ver-

trau mir. Ich werde mich darum kümmern. Jetzt geh bitte
zurück in den Laden, dort wartet ein Kunde.«

Onkel Louis wußte von einem jungen Baron Moritz von
Maucler. Der Baron arbeitete im Büro eines Anlagebera-
ters, der sich um Onkel Louis' finanzielle Angelegenheiten kümmerte. Onkel Louis brachte den Baron und Emmy
zusammen.

Sein Plan funktionierte reibungslos. Als das Baby geboren war, hinderte der Baron Emmy keineswegs, es nach
Otto Koch Odette zu nennen. Tatsächlich vermuteten einige Leute seines Umkreises, daß der Baron nicht Odettes
Vater sei. Solche Gerüchte wurden gewöhnlich in diskreten französischen Worten zum Ausdruck gebracht: »*Moritz a payé pour les pots cassés*« (Moritz hat für die zer-
brochenen Krüge bezahlt).

Drei Jahre lang lebte das junge Paar in Frankfurt. Sie zogen Odette auf und gingen zusammen auf Reisen, eine
davon führte sie bis nach Ägypten. Aus rechtlichen Gründen, die mit seinem Erbe zu tun hatten, konnte der Baron
Emmy nicht vor Oktober 1914 heiraten, kurz bevor er
an die Front ging.

Die Familie von Maucler geht zurück ins zehnte Jahrhundert ins Gebiet der Champagne in Frankreich. Einer
der Vorfahren von Moritz von Maucler, Baron Friedrich,
war ein preußischer Offizier im Siebenjährigen Krieg sowie der Autor von Erinnerungen an das *ancien régime*.
Sein Sohn war Justizminister und hinterließ wichtige lite-
rarische Aufzeichnungen aus der Napoleonischen Zeit.[16]
Ein andere Verwandte, Baronin Pauline von Maucler,
heiratete Graf Zeppelin.

Baron Moritz wurde 1888 im Schwarzenberg-Palais in
Wien geboren. Sein Vater war Staatsrat und Botschafter

des Königs von Württemberg in Wien und St. Petersburg.
Ihr Schloß, Oberherrlingen bei Ulm, war 1588 auf der
Kuppe einer steilen Anhöhe gebaut worden und gewährte Aussicht auf das Kleine Lautertal. Die Familie verbrachte dort wenig Zeit. Es war unbehaglich, einsam und
schwer, dorthin zu gelangen. Während des Sommers war
es mit der Pferdekutsche erreichbar, im Winter nur mit
dem Schlitten.

Warum sollte der junge Baron ein schwangeres Mädchen
aus einer anderen Klasse geheiratet haben?
Keine Antwort ist völlig überzeugend. Er hat vielleicht
eine reife Frau gebraucht, die sich um ihn kümmert – sie
war elf Jahre älter als er. Er war allein auf der Welt: Seine
Mutter war 1900 und sein Vater 1907 gestorben. Vielleicht benötigte der Baron Geld – junge Aristokraten haben häufig Spielschulden – und Onkel Louis mag ihm
ausgeholfen haben. Oder er war vielleicht homosexuell,
und diese Lösung bot ihm die ideale Camouflage. (Emmy
wurde nie mehr schwanger.)
Wir werden es niemals erfahren.
Wir werden auch niemals erfahren, was in Emmy Herold
vorging. Sie nannte ihr Kind Odette – nach Otto Koch.
Tat sie dies, um ihren Liebhaber später an seine Pflichten
zu erinnern, falls dies jemals nötig werden sollte? Brach
ihr das Herz, als mein Vater sie nicht heiratete? Hatte sie
Grund zu der Annahme, daß er sie heiraten würde?
Ich kann mir nicht vorstellen, daß er ihr jemals solche
Veranlassung gegeben hat, aber natürlich gab es bei dieser entscheidenden Angelegenheit keine Zeugen. Offenbar will ich nicht glauben, daß mein Vater fähig war, sich
unehrenhaft zu verhalten. Es ist natürlich möglich – doch
höchst unwahrscheinlich –, daß er tatsächlich vorhatte,

sie zu heiraten. Doch Onkel Louis sprach ein Machtwort.
Bei geringeren Anlässen, so wurde mir erzählt, bot er seinem Onkel und Chef nur selten Paroli. Ob er in diesem
Fall fähig gewesen wäre, ihm mutig die Stirn zu bieten,
ist eine offene und völlig hypothetische Frage. War er erfreut – oder peinlich berührt – , daß sein uneheliches Kind
Odette genannt wurde?

Es stellen sich andere unbeantwortbare Fragen. Wie war
es ihm möglich, meine Mutter im selben Jahr zu heiraten,
in dem sein uneheliches Kind zur Welt kam? Und hat er
sich in den kommenden Jahren überhaupt für das Kind
und die Mutter interessiert?

Daß im Vorkriegseuropa junge Männer voreheliche Af-
fären mit Frauen hatten, die sie aus sozialen Gründen
nicht zu heiraten beabsichtigten, war weder ungewöhnlich, noch wurde es als unmoralisch angesehen. Solche
Dinge dürfen nicht nach heutigen Maßstäben bewertet
werden. Falls es ein Kind gab, so war es für Ehrenmän-
ner selbstverständlich, die Verantwortung für Mutter und
Kind zu übernehmen. Das wurde in diesem Fall getan
und sicherlich in einem Maße und in einer Weise, die in
jeder Gesellschaft ungewöhnlich ist.

Im Juni 1918 wurde Baron Moritz von Maucler an der
Westfront getötet.

 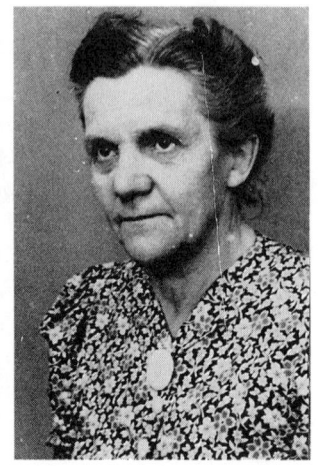

*Herr und Frau Wailke mit
Hilmar (Sammlung Gudrun
Merelo de Barbera)*

*Frau Wailke (Sammlung
Gudrun Merelo de Barbera)*

## So haben wir das damals gemacht

*Es ist leichter für einen Vater, Kinder zu haben, als für Kinder, einen Vater zu haben.*

Papst Johannes XXIII

IM FEBRUAR 1921 suchten die Netters per Inserat eine Adoptivfamilie für Hélènes unehelichen Sohn Robert. Sie wurden dabei von ihrer Freundin Ketty Rikoff unterstützt, einer ehrenamtlichen Sozialarbeiterin beim *Mutterschutz*, einer Frankfurter Organisation »zum Schutz der Mütter«. Ein lutherischer Pfarrer, Dr. Hugo Wailke, und seine Frau Hedwig antworteten. Sie lebten in Fürstenberg an der Oder.

Alle folgenden Briefe, leicht gekürzt, stammen von Ketty Rikoff.

*Frankfurt, den 2. März 1921*

*Sehr geehrter Herr Pfarrer!*

*Den Empfang Ihres sowie Ihrer Frau Gemahlin gefälligen Schreibens vom 26. des vorherigen Monats bestätige ich ergebenst. Ich habe den Inhalt desselben den Angehörigen unverzüglich weitergegeben. ...*

*Ich möchte ferner, zu Ihrer und Ihrer Frau Gemahlin näheren Orientierung, noch ergänzend Folgendes nachtragen:*

*Das Kind befindet sich augenblicklich noch im Ausland. Aus begreiflichen Gründen hat die Mutter des jungen Mädchens, um eine Verbreitung des demselben zugestossenen Unglückes zu verhindern, das Kind nicht mit nach Deutschland bringen wollen; aus diesem Grund ist auch ein Vormund für das Kind, das Deutscher ist, noch nicht bestellt.*

*Der Weg, der begangen werden soll, wäre ungefähr folgender: Das Kind würde nach Deutschland, gegebenenfalls, wenn dies möglich ist und Ihren Wünschen entspricht, in Ihr Haus verbracht werden. Ein Vormund, und zwar zweckmäßigerweise ein Rechtsanwalt, müßte von dem Gericht des Aufenthaltsortes als Vormundschafts-*

*gericht bestellt werden, welcher dann, als gesetzlicher Ver-*
*treter des Kindes, mit Ihnen den Adoptionsvertrag abzu-*
*schließen hätte. Gleichzeitig mit der Adoption soll auch*
*als gesetzlicher Vertreter des Kindes gemäß § 1822, Abs.*
*2 des BGB mit Zustimmung des Gerichts der Erbver-*
*zicht auf das Vermögen der Mutter erfolgen. ...*
*Ich erlaube mir, Ihnen zwei kürzlich aufgenommene Bil-*
*der des Knaben ... zu übersenden.*

*Frankfurt, den 9. März 1921*

*Sehr geehrter Herr Pfarrer!*
*Indem ich den Empfang des gefälligen Schreibens vom 5.*
*des Monats ergebenst bestätige, beehre ich mich Ihnen*
*mitzuteilen: ... Gegen die Bestellung des Herrn Rechts-*
*anwaltes Dr. Mannhart zum einstweiligen Vormund wird*
*wohl kaum ein Bedenken geltend zu machen sein.*
*Auf Ihre Frage den Vornamen des Kindes betreffend teile*
*ich ergebenst mit, daß der Junge unter dem Vornamen*
*»Robert« standesamtlich eingetragen wurde.*
*Leider vermißte ich in Ihrem Schreiben eine Mitteilung,*
*wie die Bilder Ihrer Frau Gemahlin und Ihnen gefallen*
*haben.*
*Nach Eintreffen der Antworten werde entweder ich oder*
*ein Vertreter nach Fürstenberg kommen, um alle Einzel-*
*heiten mit Ihnen und Ihrer Frau Gemahlin, eventuell un-*
*ter Zuziehung des Herrn Rechtsanwaltes, zu besprechen.*

*Frankfurt, den 15. März 1921*

*Sehr geehrter Herr Pfarrer!*
*Unter Bezugnahme auf Ihr und Ihrer Frau Gemahlin letz-*
*tes Schreiben beehre ich mich, Ihnen mitzuteilen, daß in*
*meinem Auftrage, da ich leider gehindert bin, eine Reise*
*zu unternehmen, ein Freund von mir, Herr Dr. Günther,*

*kommenden Sonntag, den 20. des Monats, nach dort
kommen wird, um die ganze Angelegenheit mit Ihnen zu
besprechen. Herr Dr. Günther ... legt großen Wert darauf, gleichzeitig auch mit Herrn Dr. Mannhart Rückspra-
che zu nehmen, und wünscht überdies auch mit dem als
Vormundschaftsrichter in Frage kommenden Herren die
Angelegenheit zu besprechen, um vorwärts zu kommen.
Dr. Günther, der geschäftlich in Berlin zu tun hat und
nicht all zuviel Zeit verwenden kann, würde Sonntag nach
Fürstenberg kommen und möchte Montag wieder nach
Berlin zurückkreisen.*

*Ich bitte Sie um gefällige Drahtmitteilung, ob Dr. Gün-
ther am Sonntag Sie und Dr. Mannhart antrifft und gleichzeitig, wo derselbe dort absteigen kann, da er von Ihrem
freundlichen Anerbieten, im Pfarrhaus zu wohnen, keinen Gebrauch zu machen wünscht.*

*Frankfurt, den 24. März 1921*

*Sehr geehrter Herr Pfarrer!*

*Herr Dr. Günther hat mir aus Berlin ausführlich über
seine Eindrücke in Fürstenberg ... Mitteilung gemacht,
und ich möchte Ihnen und Ihrer Frau Gemahlin zunächst
herzlich danken für die freundliche Aufnahme, die Sie
beide ihm ... bereitet haben.*

*Es scheint nun doch, daß ernsthafte Hindernisse nicht
mehr im Wege stehen, und wir werden alles tun, um den
Kleinen ehestens nach dort zu verbringen. Ich hoffe, daß
dies ... Mitte oder Ende der nächsten Woche der Fall sein
können wird.*

*Sobald ich das genaue Datum der Abreise weiß, werde
ich Ihnen diesbezüglich Bescheid auch über alle Einzel-
heiten zu geben mir erlauben, wobei wir festhalten wollen, daß das Kind von der es nach Berlin verbringenden,*

*vollkommen vertrauenswürdigen Schwester Ihrer Gemahlin in Berlin übergeben werden wird.*

*Frankfurt, den 27. März 1921*
*Sehr verehrte gnädige Frau Wailke!*
*Wenn nicht noch im letzten Augenblick unvorhergesehene Schwierigkeiten auftreten sollten, wird eine vertrauenswürdige Schwester, Fräulein Else Müller, die durch Reisepaß ausgewiesen ist, das Kind in der Nacht von Donnerstag auf Freitag (vom 31. März zum 1. April) nach Berlin verbringen. Fräulein Müller wird voraussichtlich mit dem hier um 9.05 Uhr abgehenden D-Zug nach Berlin fahren und dort am 1. April um 7.54 Uhr morgens Bahnhof Friedrichstraße ankommen. Da das Kind in Kehl übernommen wird und eventuell mit Zugverspätung oder sonstigen Zwischenfällen gerechnet werden muß, glaube ich, daß es am richtigsten wäre, wenn Sie es so einteilen könnten, daß Sie bereits Donnerstag nach Berlin kämen, dort übernachteten, und mir Ihre Adresse in Berlin sogleich telegraphisch mitteilten, damit ich Sie von einer Verspätung oder sonstigen Änderungen unverzüglich und rechtzeitig benachrichtigen kann. Erhalten Sie keine Depesche, so werden Sie die Schwester Müller mit dem Kind also Freitag, den ersten dieses Monats ab 7.54 Uhr im Wartesaal zweiter Klasse, Bahnhof Friedrichstraße antreffen. Der beiliegende Kartenausschnitt, dessen andere Hälfte Fräulein Müller hat, wird Sie dieser gegenüber legitimieren. Fräulein Müller werden Sie an ihrer Schwesterntracht wohl gleich erkennen.*
*... Endlich möchte ich Sie noch dringend bitten, der Schwester Ihren Namen und Wohnort nicht zu sagen, da dieselbe nicht zu wissen braucht, wohin das Kind, dessen Namen sie ebenfalls nicht kennt, gebracht wird.*

*Frankfurt, den 8. April 1921*

*Sehr geehrter Herr Pfarrer!*

*Den Empfang des Telegramms sowie des letzten Schreibens bestätige ich ergebenst und habe daraus mit Vergnügen gesehen, daß der Kleine sich an seine neue Umgebung gewöhnt hat.*

*Der Geburtsschein des Kindes befand sich bei seiner ersten Pflegestelle und ist erst verspätet in meinen Besitz gekommen. Ich erlaube mir nunmehr, in der Anlage Ihnen sowohl dieses Dokument wie auch den Heimatschein des jungen Mädchens zu übersenden, durch welchen der Nachweis, daß das Kind durch Abstammung Deutscher ist, erbracht ist. Letzteres Dokument würde ich gerne, nach gemachtem Gebrauch, wieder zurückerhalten. Vielleicht wäre es möglich, sobald die Adoption rechtskräftig ist, daß der Junge in Preußen eingebürgert würde, damit auch in dieser Hinsicht alle Spuren der Vergangenheit verlöscht werden.*

*... Ich möchte nunmehr nur noch dem aufrichtigen Wunsche Ausdruck geben, daß der kleine Junge, der in Ihrem Hause nunmehr sein Elternhaus gefunden haben wird, die Liebe, die ihm seine Wahleltern entgegenbringen, verdienen möge, und daß Sie und Ihre liebe Frau Gemahlin an ihm alle Zeit Freude und Genugtuung über das Werk der Nächstenliebe, das Sie an ihm erfüllen, erleben mögen.*

In den nächsten Wochen betraf die Korrespondenz zwischen Ketty Rikoff und den Wailkes in erster Linie juristische und finanzielle Fragen und nahm gelegentlich einen scharfen Ton an. Rechtsanwalt Dr. Mannhart betrachtete die durch Dr. Günther im Namen der Netters angebotene Abfindung als viel zu niedrig und bat auf Vor-

schlag eines Richters um eine Vermögensaufstellung der
Mutter, die die Netters ihm zur gegebenen Zeit zu schik-
ken sich verpflichtet hatten.
Dr. Mannhart sah eine Abfindung von 100 000 Mark als
absolutes Minimum an.

Unter anderem schrieb er am 3. Juni 1921 an Ketty Rikoff:

*... Darunter, daß seiner Zeit ein Verbrechen begangen
worden ist, darf das unschuldige Kind unter keinen Umständen leiden. (Dies scheint auch die Meinung des Vormundschaftsgerichts zu sein.) Vergessen Sie bitte nicht,
daß dieses Kind doch genau wie ein eheliches von der
Mutter lange, schwere Zeit mit Schmerzen getragen worden ist!*

Worauf die Netters antworteten, daß sie seine Einwände
ernst nähmen, aber nicht in der Lage seien, das Angebot
über 45 000 Mark in bar und 35 000 Mark in Kriegsan-
leihen hinaus zu erhöhen. Sie boten diesen Betrag in der
Hoffnung:

*... endlich den furchtbaren Druck, der immer auf ihr la-
stet, zu erleichtern und ihr die Möglichkeit einer freund-
licheren Zukunft zu geben, nach allen Leiden, die sie bereits durch dieses Unglück unverschuldet durchgemacht
hat ...*

Es wurde in der Korrespondenz niemals erwähnt, daß
sich Hélène Netter, die Mutter des Kindes, Tuberkulose
zugezogen hatte und todkrank war.
Am 2. Januar 1922 starb sie in Davos.

Der nächste Brief von Ketty Rikoff ist dreieinhalb Jahre
später datiert.

*Frankfurt, den 9. Juli 1925*

*Sehr geehrte Frau Pfarrer!*
*In Ihrem Schreiben vom 4. des Monats ... führen Sie aus,*
*daß Ihr Adoptivkind es in späteren Jahren nicht würde*
*fassen können, daß er in Armut aufwachsen muß, wäh-*
*rend seine natürlichen Eltern keine materiellen Sorgen*
*kennen.*
*Vielleicht darf ich Sie, verehrte gnädige Frau, daran erin-*
*nern, daß ich Ihnen schon zur Zeit der ersten Vorver-*
*handlungen [vier Jahre zuvor] wahrheitsgetreu mitteilte,*
*daß der Vater des Kindes unbekannt ist. Die Mutter des*
*Kindes ist offenbar durch Verabreichung eines Nar-*
*kotikums betäubt und im bewußtlosen Zustand verge-*
*waltigt worden. Sie wurde am Morgen nachher von ihrer*
*eigenen Mutter bewußtlos im Bett ihres Hotelzimmers*
*aufgefunden. Um keinen Skandal zu machen, der die Ehre*
*des jungen Mädchens rettungslos preisgegeben hätte,*
*wurde von einer polizeilichen Meldung abgesehen, zu-*
*mal es nicht sicher war, ob der Täter ausfindig gemacht*
*hätte werden können. ...*
*Das Leben dieses schönen und hochbegabten jungen*
*Mädchens war durch dieses Ereignis vergiftet. Man kann*
*es verstehen, daß das Mädchen für ein Kind, dessen Mut-*
*ter sie auf diese Art geworden und dessen Vater sie nicht*
*kannte, Liebe nicht aufbringen würde können.*
*Zudem mußte sie einsehen, daß ihre Zukunftsaussichten*
*ohne ihre Schuld in den Kreisen, denen sie angehörte, so*
*gut wie zerbrochen waren.*
*Sie hat auch diesen Schlag trotz aller Bemühungen ihrer*
*Mutter innerlich nie überwinden können. Im Sommer*

*1921 zu einer Jugendfreundin ihrer Mutter nach Holland eingeladen, um sich dort zu zerstreuen, erkrankte sie dort, wurde nach Badenweiler gebracht, wo sich ihr Zustand trotz sorgsamster Pflege verschlechterte, so daß sie auf Anraten des Arztes nach der Schweiz verbracht werden mußte. Nach monatelangem Leiden ist Ida N.\*, eine Märtyrerin des Lebens, im Januar 1922 dort gestorben. Hilmar hat keine Eltern mehr.*

*Das Eigenvermögen Ida N., von welchem sie den vierten Teil anläßlich der Adoption hergeben mußte, ist, wie ich bestimmt weiß, durch ihre Krankheit restlos aufgezehrt worden. Die Mutter von Ida N. ist Witwe und hat für einen Sohn mit zu sorgen, der gesundheitlich nicht auf der Höhe ist. Ihr Vermögen, das von ihr als alleinstehende Frau verwaltet wurde, hat durch die Geldentwertung nicht minder gelitten wie das Ihrige. Der Kummer um ihr Kind hat auch bewirkt, daß Frau N. sich um eine zweckmäßige Anlage ihres Geldes, soweit dies überhaupt möglich gewesen wäre, nicht gesorgt hat. Ein Erwerbseinkommen besitzt sie nicht. Wie ich die Verhältnisse übersehen kann, ist Frau N. nicht in der Lage, wie Sie es anregen, für den Unterhalt des Kindes oder gar dessen Zukunft zu sorgen.*

*Auch ich möchte als Frau die rechtliche Frage nicht aufwerfen. Aber ich möchte doch bemerken, daß weder die verstorbene Mutter des Kindes, noch deren Mutter die furchtbaren Proportionen der Geldentwertung haben voraussehen können. ... Ich möchte Ihnen auch aufrichtig aus einer langen Praxis und Erfahrung heraus sagen,*

---

\* Hélènes vollständiger Name lautete Ida Louise Hélène. Von einigen wurde sie offenbar Ida genannt. Ihr älterer Bruder Emil nannte sie jedoch »das arme Helenchen«.

*daß in derlei diskreten Familienangelegenheiten, wie sie
die vorliegende ist, eine begreifliche Scheu herrscht, neue
Forderungen als berechtigt anzuerkennen oder durch
eventuelle freiwillige Leistungen eine, wenn auch nur
moralische Verpflichtung zu begründen.*

*Ich bin überzeugt, daß Ihr Schritt nicht beabsichtigte,
solche Befürchtungen auszulösen, und ich darf eine Stüt-
ze für diese meine Überzeugung in der in Ihrem Brief gegebenen Versicherung erblicken, daß die Liebe zu dem
Kind Sie abhalten wird, rechtliche Ansprüche zu stellen.
Andererseits wünsche ich gerade deswegen nicht, daß Sie
den Eindruck bekommen, daß Ihr Appell an mich vergeblich war. In der aufrichtigen Hoffnung, daß die Not-
lage, in welche Sie durch die Erkrankung Ihres Gatten
gekommen sind, nur eine vorübergehende sein wird, werde ich dafür Sorge tragen, daß Ihnen wenigstens für die
nächste Zeit Geldbeträge für das Kind zugehen. Beträge,
über welche ich durch einen günstigen Zufall verfügen
kann. Allerdings kann ich dies nur für eine Übergangs-
zeit in Aussicht stellen, weil aus meiner Tätigkeit mir
wiederholt dringende Inanspruchnahme erwächst. Geben
Sie mir bitte die Größenmaße des Kindes, vielleicht kann
ich manchmal Kleidungsstücke und Unterkleider schik-
ken, auch die Schuhgröße wüßte ich gerne.*

*Ich möchte der Hoffnung Ausdruck geben, daß Gott bald
Ihrem Gatten die volle Gesundheit wiedergeben möge.*

*Anlage: 50 Reichsmark*


Im Oktober 1925 gab Ketty Rikoff ihre Arbeit als Freiwillige für den *Mutterschutz* auf, die sie, wie sie Frau
Wailke erklärte, ausgeübt hatte, »um meinem inneren
Bedürfnis zu genügen«. Sie erkannte jetzt jedoch, daß »die
schrecklichen Veränderungen der Umstände, in denen wir

leben, und die auch teilweise für die Unfreundlichkeit in unserer Korrespondenz jüngeren Datums verantwortlich sind«, ihr nicht länger erlaubten, diese Arbeit auszuüben. Von nun an hatte sie sich auf ihre eigenen Interessen zu besinnen. Sie bat Frau Wailke es zu unterlassen, ihr irgendwelche Verpflichtungen aufzudrängen, die sie abzulehnen habe.

Ein Jahr später starb Dr. Hugo Wailke im Alter von 36 und hinterließ eine Witwe, die für Hilmar und einen zweiten Jungen, Horst, sorgen mußte, den das Paar nach Hilmar adoptiert hatte.

1929 schickte Frau Wailke Ketty Rikoff Schnappschüsse von beiden. Ketty Rikoff antwortete umgehend.

*Frankfurt, den 2. Februar 1929*

*Liebe Frau Wailke,*
*vielen herzlichen Dank für Ihre lieben Zeilen und die reizenden Bildchen. Das sind doch zwei Prachtbuben, und ich kann es gut verstehen, daß sie Ihre ganze Freude bedeuten. Hoffentlich läßt der liebe Gott Sie und die Kinder gesund und die Buben mal erwachsen werden. Sie werden Ihnen sicher all die Mühe um Erziehung und Pflege und Liebe sehr danken. All zu große Ansprüche an Dankbarkeit soll man ja nie hegen, aber Undank sollte man niemals erleben ... Hilmar ist direkt ein schöner Junge, hoffentlich ist er auch begabt und lernt leicht, damit etwas Richtiges aus ihm wird.*
*Ich hoffe, Sie kommen alle drei ohne Grippe gut über diesen kalten Winter.*

Ich erinnere mich an Ketty Rikoff. Am besten erinnere ich mich an ihr rundes Gesicht, ihr Doppelkinn und ihre

üppigen Formen. In den frühen dreißiger Jahren spielte
sie mit meinen Großmüttern Bridge: mit der Mutter meines Vaters, mit der Mutter meiner Mutter und mit der
Mutter meines Stiefvaters und Hélènes. Ich wußte nichts
über ihre Vergangenheit als freiwillige Sozialarbeiterin für
den *Mutterschutz*. Da ich zu jener Zeit nur ein Schuljun-
ge war, gab es keinen Anlaß, mich für ihre Vergangenheit
zu interessieren.

1921 muß sie aus Freundschaft zu Anna Netter, die uns
immer gut behandelte, aber wenig großmütterliche Wär-
me verströmte, diese heikle Aufgabe übernommen haben.
Ihre hauptsächlichen Interessen im Leben schienen dem
Essen und dem Einkauf von Lebensmitteln zu gelten. (Das
Kochen wurde von ihrem Dienstmädchen Gretchen unter ihrer strengen Überwachung besorgt.) Sie fertigte auch
künstliche Blumen – ein ungewöhnliches Steckenpferd!

Der *Mutterschutz* war keine jüdische Organisation – obgleich Ketty Rikoff Jüdin war. Er existierte bereits seit
der Jahrhundertwende und bestand aus sozial engagierten Damen. Später, 1922, wurde er Teil des städtischen
Wohlfahrtssystems von Frankfurt, was er bis zum Ende
seines Bestehens in den dreißiger Jahren blieb.

Wie ich nach dem Krieg erfuhr, hatte Ketty Rikoff 1942
Selbstmord verübt, um nicht nach Osten deportiert zu
werden. Sie nahm Gift in der großen Halle des Frankfurter Bahnhofs, wohin sie mit vielen anderen auf einem Lastwagen gebracht worden war. Erst in diesem Augenblick
gab sie scheinbar den letzten Rest Hoffnung auf.

Als ich zum ersten Mal Ketty Rikoffs Korrespondenz mit
den Wailkes las, konnte ich das Bild dieser schrecklichen
Szene auf dem Bahnhof nicht loswerden. Getrieben von
der Neugier über die Umstände ihres Todes, ging ich 1993
zum Jüdischen Museum in Frankfurt und zog den Histo-

riker Dr. Lenarz, der sich mit den Deportationen beschäftigte, zu Rate. Der Fall war ihm nicht bekannt. Ich erzählte ihm, daß ich ihr Grab auf dem Friedhof gesehen und das Todesdatum, 2. Juli 1942, bemerkt hatte. Er überprüfte die Dokumente. Die letzte Deportation vor diesem Tag war drei Wochen zuvor durchgeführt worden. Es sei entfernt vorstellbar, sagte er, daß sie sich damals umgebracht hat, sofort verbrannt wurde, und daß ihre Asche aus irgendeinem Grund erst am 2. Juli beigesetzt wurde.

Ich fand niemals heraus, was wirklich passiert war.

Warum kam es zu solch einer langen Verzögerung zwischen Hilmars Geburt in Genf am 10. Januar 1920 und dem Februar 1921, als die Anzeige des *Mutterschutzes* in den Zeitungen erschien, auf die Dr. Hugo Wailke antwortete? Die formale Adoption, nebenbei bemerkt, fand nicht vor dem 22. September statt.

Elf Monate lang wurde keine Entscheidung bezüglich der Zukunft des Babys getroffen. Emil Netter erzählte meiner Mutter, daß Anna Boell, Anna Netters Begleiterin und Hélènes früheres Kindermädchen, das Baby bald nach der Geburt mit ins Elsaß nahm. Das einzige, dessen ich mir sicher bin, ist, daß das Baby am 30. März 1921 nach Kehl, bei Straßburg auf der deutschen Seite des Rheins, gebracht und Schwester Else Müller übergeben wurde.

Es gibt viele mögliche Ursachen für die Verzögerung. Eine könnte die erschreckende Feststellung gewesen sein, daß Hélène ebenso wie ihre Geschwister Tuberkulose hatte. Sie starb drei Monate, nachdem die Adoption rechtsgültig wurde.

Wenn ich nur in der Lage gewesen wäre, Verwandte von Anna Boell ausfindig zu machen. Ich wußte, daß sie nach

dem Krieg in Frankreich gestorben war. Vielleicht hatten
sie ihre Tagebücher und Briefe geerbt. Ich erinnere mich
gut an sie, eine eindrucksvolle, redselige und unverheira-
tete Frau aus Nancy, mit einem blassen, ledernen Gesicht,
glattem, schwarzem und glänzendem Haar, die immer sehr
herzlich zu uns war und mir beim Französisch half. Ich
hätte vielleicht erfahren, ob Abtreibung jemals wirklich
in Betracht gezogen worden war, den Grund für die lange Verzögerung und ob (was höchst unwahrscheinlich ist)
Hélène jemals daran gedacht hatte, das Kind zu behalten.*

Anna Boells Dokumente könnten auch eine andere und
weitaus wichtigere Frage erklärt haben. Sie war in dem
Züricher Hotel im März 1919. Zweifellos war ihre Loyalität gegenüber den Netters vollkommen. Aber hätte in
ihren Tagebüchern nicht etwas stehen können, das sich,
wenn auch nur in ein oder zwei Details, von Ketty Rikoffs
Version der Ereignisse unterschied, die sie in ihrem Brief
an Frau Wailke vom 9. Juli 1925 mitteilte?

Vor allem war es entfernt vorstellbar – ich bin mir völlig
darüber im klaren, daß es ein ketzerischer Gedanke ist –,
daß die Geschichte der Vergewaltigung eine Erfindung
war, um eine Liebesaffäre zu vertuschen? Eine Vergewaltigung war natürlich eine untragbare und beschämende
Katastrophe, die eine Familie um jeden Preis zu verheim-
lichen trachten würde; aber könnte es nicht sein, daß die

---

* Schließlich fand ich einen Pierre Boell im Telefonbuch von Paris
und schrieb an ihn. Er antwortete sofort. Es täte ihm leid, sagte er,
aber er hätte niemals von einer Anna Boell gehört. Sie muß Angehörige eines anderen Zweiges der Familie gewesen sein. Die Boells,
fügte er hinzu, waren verwandt mit Lord Mountbatten und Frédéric
August Bartholdi, dem Bildhauer der Freiheitsstatue. Es täte ihm
unendlich leid, aber er könne mir nicht weiterhelfen.

Familie in diesem Fall eine Vergewaltigung erfunden hatte, um etwas Schlimmeres, etwa eine unzulässige Liebesaffäre, zu verbergen? War Ketty Rikoff an der Vertuschung beteiligt, und handelte sie aus Freundschaft zu den Netters?

Es stellt sich eine andere Frage. Hélène hat sich bestimmt eine Lungentuberkulose[1] zugezogen – bei allen drei Netter-Kindern war dies der Fall – und starb am 2. Januar 1922 in einem Sanatorium in Davos. Aber war ihr Tod allein die Folge der Krankheit, oder war er ebenso die Folge eines erlittenen Traumas? Immerhin überlebte ihr Bruder Emil die Krankheit.

Ich weiß nichts über Hélène. Meine Erinnerung an ihr Foto auf dem Toilettentisch meines Stiefvaters ist äußerst verschwommen.

Um Brunhilde und ihren zwei Kindern ein Bild von Hilmars Mutter zeigen zu können, schrieb ich an Angehörige der Familie Netter in England, in der Schweiz und in den Vereinigten Staaten; ohne Erfolg. Wie außergewöhnlich, dachte ich, daß jemand, der nur zwei Jahrzehnte älter ist als ich, völlig von der Erde verschwinden konnte, ohne eine Spur zu hinterlassen.

Da hörte ich eine interessante Geschichte: Eine entfernte Cousine, eine Altersgenossin von Hélène, erinnerte sich, daß Hélène in ihrer Jugend immer als Vorbild für gutes Benehmen hingestellt worden war – bis zum März 1919, das heißt bis zum Zeitpunkt jenes unglücklichen Vorkommnisses in dem Züricher Hotel. Dies legt nahe, daß dieses »Unglück« eines jener streng gehüteten Familiengeheimnisse war, die jeder kannte. Bedeutete es auch, daß niemand die Geschichte mit der Vergewaltigung glaubte? Ich stieß auf andere Bruchstücke an Informationen. Zur Zeit ihres Todes soll Hélène mit dem Bruder der großar-

tigen Sängerin Maria Ivogün verlobt gewesen sein. War
dies wahrscheinlich? fragte ich mich. Ivogün, fand ich
bald heraus, starb 1987 im Alter von 96 Jahren; somit
hatte ich die Chance verpaßt, sie über die Verlobung ihres Bruders zu befragen. Ihr ganzes Leben lang war sie
hin und wieder der Bayerischen Staatsoper verbunden
gewesen, wo ihr Bruno Walter 1913 den Karrierestart
ermöglicht hatte. Ich schrieb nach München und erhielt
bald Antwort. Niemand, nicht einmal jene, die Zugang
zu all ihren Unterlagen hatten, hatten jemals gehört, daß
Ivogün einen Bruder besaß.[2]

Im Laufe dieser Nachforschung entdeckte ich, daß der
ursprüngliche Name der Sängerin Ilse Kempner gelautet
hatte, und daß sie in Budapest als Tochter der Sängerin
Ida von Günther geboren war. Vom Namen ihrer Mutter
stammte der Künstlername *I-vo-Gün*.

*Günther?* War das nicht der Name von Ketty Rikoffs
Gesandtem?

Nun, es gibt viele Günther auf der Welt.

Dann erfuhr ich noch etwas: 1921 war Ketty Rikoff die
Freundin des österreichischen Generalkonsuls in Frankfurt. Er hieß Dr. Günther.

Ich schrieb nach Wien.

Der Name des österreichischen Generalkonsuls in Frankfurt von 1916 bis 1921 lautete Dr. Otto Günther Ritter
von Ollenburg.[3]

Folgendes Szenario malte ich mir aus: Dr. Günther war
irgendwie mit Maria Ivogün verwandt – wenn nicht gar
ihr Bruder – und hatte eine Affäre mit Hélène. Sie wurde
schwanger. Er war fest entschlossen, sie zu heiraten; warum auch nicht? Sie war schließlich ein wohlhabendes
Mädchen und er ein armer Wiener (obgleich von hohem
Adel). Doch dann bekam sie Tuberkulose. Es folgten Mo-

nate der Qual und Unentschiedenheit. Schließlich kam er aus irgendeinem Grund zu dem Entschluß, sie *nicht* zu heiraten. Zu diesem Zeitpunkt gab es noch keine Alternative zur Adoptionsfreigabe des Kindes. Die Netters nahmen Verbindung mit ihrer Freundin Ketty Rikoff auf, der freiwilligen Sozialarbeiterin, und baten sie, sich um die Angelegenheit zu kümmern. Es wurde eine Anzeige in die Zeitungen gesetzt. Die Wailkes antworteten. Im weiteren Verlauf bot sich Dr. Günther in Hélènes und seinem Interesse an, nach Fürstenberg zu fahren, um die Wailkes zu überprüfen und sich davon zu überzeugen, daß man sich gut um ihr Kind kümmerte.

Wie wäre es mit dieser Version?

## Nun gut, dann kommen Sie morgen zum Tee

*Olivia: Schwester? – Ja, Ihr seid's.*

William Shakespeare, *Was ihr wollt*, 5. Akt, 1. Szene

Ich besitze nur einen lebenden Verwandten, der sich noch an meinen Vater erinnert: Ein Cousin, der jetzt in den Neunzigern ist. Er kehrte nach Deutschland zurück, nachdem er nach Holland emigriert war. Dort verbrachte er während des Krieges ein Jahr im Konzentrationslager der Nazis in Westerbork. Er blieb von der Deportation nach Bergen-Belsen oder Auschwitz verschont. In Westerbork lernte er Anne Franks Familie kennen, die auch aus Frankfurt stammte. Anne Franks Vater war 1911 bei der Hochzeit meiner Eltern gewesen.

Mein Cousin war achtzehn, als mein Vater starb. Dessen Foto steht auf dem Kaminsims meines Cousins. Wann immer ich in Deutschland bin, besuche ich ihn.

1985, während eines Besuchs, erfuhr ich zum ersten Mal von Odette.

»Habe ich dir jemals erzählt«, fragte er, »daß dein Vater eine Affäre hatte, bevor er deine Mutter traf?«

»Nein«, entgegnete ich trocken. »Hast du nicht.«

»Und daß es ein kleines Mädchen gab?«

Er erzählte mir die Geschichte gerade so, wie ich sie im zweiten Kapitel geschildert habe. Wir lächelten ein wenig über Onkel Louis' Gabe der Heiratsvermittlung und staunten über die großartige Lösung, die er in die Wege geleitet hatte. Solche Geschichten, kamen wir überein, enden im Desaster, wenn es keinen Onkel Louis gibt. Dann sprachen wir über das Verhältnis meines Vaters zu Onkel Louis, der ein genialer, aber dominierender Charakter war. Sehr wahrscheinlich, sagte mein Cousin, habe mein Vater Angst vor ihm gehabt. Aber in diesem besonderen Fall muß er sehr dankbar gewesen sein. Mein Cousin fügte hinzu, daß er mir dies nie hatte erzählen wollen, solange meine Mutter lebte. Sie war vor vier Jahren gestorben.

»Meinst du, daß sie es wußte?« fragte ich. Er schüttelte

den Kopf. Es hatte bestimmt nie den leisesten Hinweis gegeben, daß sie es wußte. Ich fand es merkwürdig, daß ich so distanziert war. Es war lange her, sagte ich mir, eine Geschichte von einem anderen Stern. Zwischen damals und heute hatte es zwei Weltkriege gegeben. Ich mußte mein Bild von meinem Vater ein wenig zurechtrücken, aber nicht sehr stark. Ich hatte ihn niemals für einen sorglosen Schürzenjäger gehalten, und es war für mich unvorstellbar (und ist es immer noch), daß er fähig war, sich unredlich zu verhalten. War etwas mit mir nicht in Ordnung, daß ich die Geschichte eher interessant als bestürzend fand?

»Du hast also noch eine andere Schwester«, fuhr mein Cousin fort. »Falls sie noch lebt.«

»Mal sehen ... wie alt wäre sie jetzt?«

»Sie wurde 1911 geboren. Das heißt, sie wäre jetzt 74.«

»Weißt du irgendwas über sie?«

»Ja, in der Tat. Zufällig kann ich mich an den Namen des Mannes erinnern, dem Onkel Louis die Dame vorgestellt hat: Maucler.«

Ich ließ ihn den Namen buchstabieren.

»Von Maucler«, verbesserte er sich. »Eine der vornehmsten Familien von Württemberg. Vermutlich Hugenotten.«

Ich kritzelte den Namen auf ein Stück Papier.

»Ich könnte mir vorstellen, daß dies nicht mehr der Name deiner Halbschwester ist«, bemerkte er. »Natürlich weiß man nie. Aber es ist zu erwarten, daß sie in ihrem langen Leben mindestens einen Ehemann hatte.«

Als ich nach Kanada zurückkehrte, rief ich meine »richtige« Schwester in Washington sowie meinen Bruder in Los Angeles an und setzte beide davon in Kenntnis, daß wir alle drei eine Halbschwester hatten, »falls sie noch

lebt«. Nach dem ersten Ausdruck des Unglaubens und
der Verwunderung waren auch sie eher interessiert als
bestürzt.

Keiner von uns kam auf die Idee, sie ausfindig zu machen. Die Frage nach ihrem Wohnsitz stellte sich erst vier
Jahre später, als wir dringend Hilmars Witwe Brunhilde
zu finden wünschten. Jetzt, wo wir wieder in Europa
waren, fragten wir uns, warum wir nicht die ganze Arbeit leisten und die andere (bis dahin) verborgene alte
Dame ebenfalls ausfindig machen sollten?

Ich konnte das Stück Papier, auf das ich den Namen ge-
kritzelt hatte, nicht finden (zweifellos hatte es eine tiefere
Bedeutung, daß ich es verloren hatte), deshalb mußte ich
meinen Cousin erneut danach fragen.

Jede Wand in seiner Wohnung war mit Büchern bedeckt.
Als ich mit meiner Frage herausplatzte, stieg er auf eine
Leiter und nahm einen Band vom obersten Regal, die
Memoiren von Baron Friedrich und Baron Eugen von
Maucler, 1735-1816, die kürzlich, 1985, erschienen waren.[1] Er machte mich auf das Vorwort des Herausgebers
Paul Sauer aufmerksam. Darin dankte dieser Frau Mia
von Maucler, der letzten lebenden Angehörigen dieser
alten Familie, dafür, seine Aufmerksamkeit auf die Manuskripte des Barons gelenkt zu haben, die er anschließend herausgab. Sie lebte, schrieb Paul Sauer, in Herrlingen bei Ulm. Herrlingen, schloß ich, muß unmittelbar bei
Oberherrlingen liegen, dem Schloß der von Mauclers.

»An deiner Stelle«, sagte mein Cousin, »würde ich mit
ihr beginnen.«

Das war eine ausgezeichnete Idee. Ich war sowieso zwei
Tage später in Ulm, an einem Sonntag, um mit einem
alten Freund in der *Jägerstube* im Hotel gleich neben dem
Bahnhof zu Mittag zu essen.

Es war sehr heiß. Mia von Mauclers Name stand im Telefonbuch. Ich rief vom Bahnhof aus an. Ich hatte meine kleine Rede sorgfältig vorbereitet.

»Ich bin ein kanadischer Autor«, sagte ich, »ursprünglich aus Frankfurt. Ich lebe seit beinahe einem halben Jahrhundert in Kanada. Mein Vater starb 1919. Ich bin jetzt wieder in Deutschland, um sein Leben zurückzuverfolgen.«

Ich gab mir alle Mühe, nicht zu absurd zu klingen.

»Ich habe gehört«, fuhr ich fort, »daß mein Vater vor 1914 in irgendeiner Verbindung zu jemandem mit Namen Baron Moritz von Maucler stand. Ich frage mich, ob Sie zufällig irgend etwas über ihn wissen.«

»Natürlich«, sagte sie ohne das geringste Zögern. »Aber ich bin nicht die, mit der Sie reden sollten. Sie sollten mit seiner Tochter sprechen. Sie ist meine Cousine. So ein Pech, daß sie weg ist. Sie hat gerade ein paar Tage bei mir verbracht.

»Seine Tochter?« Mein Herz klopfte.

»Ja, sie heißt Odette. Odette Arens.«

Es gelang mir, mich zu beherrschen. »Wo ist sie jetzt?«

»Sie lebt in München. In einem Seniorenheim. Möchten Sie ihre Telefonnummer?«

Sie gab sie mir.

Ich konnte mich nur mit Mühe auf das Essen mit meinem Freund in der *Jägerstube* konzentrieren. Sofort danach nahm ich den Zug nach München, wo meine Tochter lebt. An jenem Abend versuchte ich mehrmals vom Haus meiner Tochter aus, Odette Arens anzurufen, ohne sie zu erreichen. Das Warten war eine Qual.

Schließlich antwortete eine freundliche und kultivierte Stimme.

Ich nannte meinen Namen und erzählte, wie ich ihre

Nummer bekommen hatte. Dann sagte ich, daß ich aus
Frankfurt sei .

Hat sie vielleicht geantwortet: »Oh ja, Koch aus Frankfurt. Wie nett von Ihnen, anzurufen. Ich glaube, ein gewisser Herr Koch in Frankfurt war mein Vater. Sind Sie
zufällig mein Halbbruder?«

Nein, das tat sie keineswegs. Sondern:

»Was kann ich für Sie tun?« Ihre Stimme klang leicht
gereizt.

Ich hielt meine kleine Rede über die Nachforschungen
zum Leben meines Vaters. »Anscheinend stand mein Vater vor dem Ersten Weltkrieg in irgendeiner Verbindung
zu Ihrem Vater«, sagte ich.

»Mein lieber Herr Koch«, stieß sie hervor, »das ist sehr,
sehr lange her, und ich war damals noch nicht einmal
geboren. Nein, es tut mir leid, doch ich glaube, ich kann
Ihnen nicht helfen.«

Sie war im Begriff aufzuhängen.

»Aber Frau Arens! Diese Frage ist von beachtlicher Bedeutung. Ich würde Sie sehr gerne treffen.«

»Herr Koch, bitte lassen Sie uns warten, bis es nicht mehr
so heiß ist. Im übrigen habe ich die ganze Woche Verab-
redungen, so daß es mit Sicherheit nicht in den nächsten
Tagen sein kann. Ich befürchte, Sie müssen sich ein oder
zwei Wochen gedulden.«

»Am Donnerstag fliege ich nach Kanada zurück.«

Sie bemerkte die Dringlichkeit in meiner Stimme.

Es entstand eine lange Pause.

»Nun gut«, seufzte sie, »dann kommen Sie morgen zum
Tee.«

## Kiel, Anfang Juli 1989

*Die Sprache meines Geistes wird die deutsche bleiben, und zwar weil ich Jude bin. Was von dem auf jede Weise verheerten Land übrig bleibt, will ich als Jude in mir behüten. [1944 geschrieben]*

Elias Canetti[1]

Es war seltsam, den Namen Netter, den Namen unserer
Mutter, am Tor von Brunhildes tadellos gepflegtem Häus-
chen zu lesen, als meine Schwester und ich sie in der ersten Juliwoche besuchten. Wir waren einen Tag zuvor in
Hamburg angekommen, und die Zugreise hatte nicht einmal drei Stunden gedauert. Brunhildes Tochter Gudrun –
stattlich, dunkelhaarig, lebendig und sehr gepflegt – holte uns vom Bahnhof ab. Sie kam uns mediterran vor, überhaupt nicht norddeutsch. Wir mochten sie sofort. Nachdem wir uns im Hotel angemeldet hatten, wo sie Zimmer
für uns bestellt hatte, brachte sie uns zu ihrer Mutter in
einen Vorort von Kronshagen.

Meine Nervosität zerstreute sich in dem Augenblick, als
ich Brunhilde sah. Zweifellos war sie auch ein bißchen
aufgeregt, aber sie beherrschte sich und bereitete uns einen herzlichen Empfang ohne viel Getue. Die Falten in
ihrem Gesicht zeugten von dem harten Leben, das sie geführt hatte; aber da war keine Spur von Selbstmitleid.
Nach Hilmars Tod hatte sie nicht wieder geheiratet.

Drei Tage lang saßen wir auf ihrer Veranda, blickten in
den Garten (alle Gartenarbeiten erledigte sie selbst, wie
sie uns erzählte), während ich unsere Gespräche, von
Vogelgezwitscher begleitet, mitschnitt. Das Wetter war
großartig. Gudrun entfernte sich von Zeit zu Zeit, um
das Tennisturnier in Wimbledon zu schauen. Am zweiten
Nachmittag schneiten ihr älterer Bruder Klaus-Dieter und
seine Frau Ute zu Kaffee und Kuchen herein.

Wir hatten mit Brunhilde in den Monaten vor unserem
Besuch Briefe gewechselt, somit waren uns zur Zeit unserer Ankunft die grundlegenden Tatsachen bekannt. Klaus-
Dieter war ein erfolgreicher Großhändler für audiovisu-
elle Geräte für Bildungseinrichtungen und arbeitete eng
mit seiner Frau zusammen. Gudrun war Managerin ei-

ner kleinen Firma zur Entwicklung und Herstellung medizinischer Geräte.

Später fragten meine Schwester und ich uns, ob wir irgendwelche Ähnlichkeiten zwischen Hilmars Kindern, damals beide in ihren späten Vierzigern, und ihrer Großmutter Anna oder ihrem Großonkel Emil wahrgenommen hatten. Meine Schwester meinte, daß vielleicht etwas von Emil Netter in Klaus-Dieters Auftreten und Ausdrucksweise wäre – wie ein selbstbewußter Geschäftsmann. Aber ich konnte nichts dergleichen erkennen. Vielleicht erinnerten Gudruns dunkle Züge an Hélène. Aber das konnten wir nur vermuten, da unsere Erinnerung an das Foto auf Emil Netters Toilettentisch sehr verblaßt war. Gudrun hatte eindeutig Ähnlichkeit mit ihrem Vater. Das war auf Hilmars Foto zu erkennen, das Brunhilde uns vorlegte.

Brunhilde servierte uns eisgekühlte Limonade.

»Solche Männer gibt es heute ja nicht mehr«, bemerkte sie bitter, während sie auf Hilmars Bild deutete.

Wir waren erstaunt, mit welcher Leichtigkeit und wie schnell sie die Fragen behandelte, die uns am meisten am Herzen lagen: Wann und wie hatte Hilmar erfahren, daß seine Mutter Jüdin war? Hatte ihn diese Tatsache aus der Fassung gebracht? Was wußte er über Juden? Vor allem wollten wir wissen, ob er jemals ein Nazi gewesen war.

Brunhildes Antworten überraschten uns, aber keine überraschte uns mehr als ihre Beschreibung von Frau Wailke. Hilmars Stiefmutter erwies sich als wahre Katastrophe. Ob sie tatsächlich als paranoid oder schizophren einzustufen war, konnten wir nicht beurteilen. Während des Krieges verbrachte sie sechs Monate wegen Urkundenfälschung im Gefängnis, danach ein paar Monate in der Psychiatrie und in einem Arbeitslager. Die meiste Zeit

schien sie jedoch nicht verrückter zu sein als jeder andere. Hilmar liebte sie sein Leben lang. Immerhin war sie
die einzige Mutter, die er kannte, stellte Brunhilde fest.
Frau Wailke hatte ihn hingegen nie gemocht, vielleicht
weil er kein Säugling mehr war, als er adoptiert wurde.
Er war bereits älter als ein Jahr gewesen. Sie haßte ihn
nicht, sagte Brunhilde, sie faßte einfach niemals Zunei-
gung zu ihm. Wie auch immer, in einer schrecklichen Szene kurz nach Klaus-Dieters Geburt, 1943, entwickelte sie
so etwas wie Haß. Normalerweise war sie kühl und distanziert und durchwegs undankbar für die vielen Dinge,
die Hilmar für sie tat. Bei einigen Gelegenheiten bereitete
sie ihm jedoch böswillig Schwierigkeiten.
Ursula Franke, eine Jugendfreundin von Brunhilde, mit
der wir ebenfalls sprachen, bekräftigte Brunhildes Bild
von Frau Wailke. Es gab Zeiten, zu welchen man ein völlig natürliches, vernünftiges Gespräch mit ihr führen konnte. Schließlich war sie gebildet, eben eine lutherische Pa-
storenfrau. Aber dann, plötzlich, verdrehte sie ihre Augen
und hörte auf, vernünftig zu sein.
Frau Wailke wußte anscheinend eine ganze Menge über
Adoption. Sie war selbst adoptiert worden. Ihr Vater – so
erzählte sie Freunden – war Kapitän auf einem Schiff gewesen und kurz nach ihrer Geburt einem tödlichen Unfall erlegen. Sie wurde dann im *Stift Salem* untergebracht,
einem vornehmen Waisenhaus in Stettin. Als sie drei Jahre alt war, wurde sie von einem lutherischen Pfarrer aufgenommen, der sie aber erst adoptierte, nachdem sie selbst
einen lutherischen Pfarrer geehelicht hatte.
Horst, das andere von den Wailkes adoptierte Baby, war
bei seiner Ankunft 1924 gerade zwei Wochen alt. Hilmar
war damals drei Jahre alt. Die beiden sollten immer sehr
gut miteinander auskommen. Die Beziehung zwischen

Frau Wailke und dem neuen Baby war tadellos. Von Anfang an liebte sie es und vernachlässigte Hilmar. Ein Grund
mag gewesen sein, daß Horsts Mutter – die Sekretärin
auf einem Gut in Westpreußen – eine Freundin von Frau
Wailkes Mutter war. Sein Vater war der Gutsverwalter
und anderweitig verheiratet.

Horst durfte zu Hause bleiben, während Hilmar wegge-
schickt wurde, zuerst auf eine Knabenschule in Potsdam
(1926 – 1930), dann bis 1936 auf ein Internat, ein Erziehungsheim der Kirche in Züllichau in Oberschlesien. In
beiden Schulen war er einsam und hatte Heimweh.

Nach dem Tod ihres Mannes hatte Frau Wailke eine
schwere Zeit. Als ausgebildete Schwester war sie Mitglied
des Johanniterordens und arbeitete gelegentlich. Sie erzählte Brunhilde, daß sie 1932 Opfer eines Heirats-
schwindlers geworden war, der sie um alles betrogen hatte, was von dem Netter-Geld geblieben war. Sie hatte Anklage gegen ihn erhoben, aber ohne Erfolg.

War es in erster Linie das Geld gewesen, das die Wailkes
veranlaßt hatte, Hilmar zu adoptieren? Dafür gibt es keinen Beweis. Brunhilde meinte aber, daß Frau Wailkes
Verhalten gegenüber Hilmar nach dem Tod ihres Mannes 1926 die Folge ihres Schuldgefühls gewesen sei, das
Geld der Netters für Horst ausgegeben zu haben. 1921
war dies sicherlich eine weitaus größere Summe als alles,
wovon ein Kleinstadtpfarrer und seine Frau je träumen
konnten.

Schließlich verließ Frau Wailke Fürstenberg an der Oder
und ließ sich in Stettin nieder. Kurze Zeit leitete sie ein
Mädchenheim.

War sie antisemitisch?

Nein. Weder Brunhilde noch Ursula Franke konnten sich
daran erinnern, daß sie jemals etwas gegen Juden äußer-

te. Bei einer Gelegenheit während des Krieges erzählte sie
Brunhilde, daß sie als Schwester einer Reihe von Juden
geholfen hatte, als sie zur Deportation zusammengetrieben
wurden. Brunhilde hielt dies durchaus für möglich. Frau
Wailke war durchaus in der Lage, sich wie ein menschli-
ches Wesen zu verhalten. Andererseits war sie aber auch
bereit, jedes Mittel zu nutzen, das ihr zur Verfügung stand
(bis hin zu dem, das ihr der offizielle Antisemitismus bot),
um Horst auf Kosten von Hilmar zu helfen.

Eine Zeitlang war sie Mitglied der NSDAP – nicht aus
Überzeugung, sondern weil es nützlich und normal war.
Eines Tages wurde sie aus der Partei ausgeschlossen – viel-
leicht wegen unbezahlter Mitgliedsbeiträge oder weil sie
Streit bekommen hatte.

Wußte sie, daß Netters Juden waren?

In den frühen zwanziger Jahren war diese Frage für eine
Pfarrersfamilie in erster Linie von religiösem Interesse.
Es hatte noch keinerlei politische Bedeutung. Pfarrer
Wailke mag Verdacht geschöpft haben, als Hilmar ohne
Taufschein ankam. Andererseits war er nicht beschnitten
gewesen. Vielleicht wurde bald nach seiner Ankunft eine
richtige Taufe durchgeführt. Doch Brunhilde besaß kei-
nen Taufschein, sondern nur einen Meldeschein auf den
Namen Hilmar Robert Alfred Wailke, ausgestellt am 22.
September 1921 im Auftrag des Gerichts in Fürstenberg.[2]
Frau Wailke kannte den Namen Anna Netter, weil diese
als leibliche Mutter auf Hilmars Geburtsurkunde genannt
wurde.

War Hilmar jemals Nazi gewesen?

Nein, niemals. Brunhilde zweifelte sehr daran, daß er jemals in der Hitlerjugend war, und nahm an, daß er keine
Gelegenheit beizutreten gehabt habe, bevor er von seiner
jüdischen Herkunft erfuhr. Die Mitgliedschaft war nie

Pflicht gewesen. In den meisten Schulen gab es jedoch willige und idealistische Jungen wie Hilmar, die der Hitlerjugend beitraten. Brunhilde war sich nicht sicher, ob die Situation in Hilmars Erziehungsheim anders war, weil es von vielen anderen Söhnen lutherischer Pfarrer besucht wurde. Auf den Schulfotos, die Hilmar ihr gezeigt hatte, trug keiner eine HJ-Uniform, soweit sie sich erinnerte. Auf jeden Fall war Hilmar ein Einzelgänger, der nicht an den gleichen Dingen interessiert war wie die anderen Jungen.

Es war in Deutschland durchaus üblich, einem adoptierten Kind zu verschweigen, daß es adoptiert worden war. Als er erfuhr, daß er mindestens fünfzig Prozent »unrein« war (über die anderen fünfzig Prozent war nichts bekannt), muß Hilmar wohl verwirrt gewesen sein, meinte Brunhilde. Obwohl er wie jeder andere Junge in der Nazizeit »Rassenkunde« in der Schule hatte, hielt er sich nie für biologisch minderwertig. Sein Selbstvertrauen wurde niemals durch das Wissen beeinträchtigt, daß er im Sinne der Nazibiologie höchstwahrscheinlich ein »Mischling« war, vielleicht sogar völlig jüdisch. Er kann unmöglich verstanden haben, was das alles bedeutete. Wer waren die Juden? muß er sich wohl gefragt haben.

Ich nehme an, Hilmar kannte in den dreißiger Jahren niemanden, der ihn darüber hätte aufklären können. Niemand hätte ihm sagen können, warum die Juden ihrer Rechte beraubt wurden. Während des Krieges bat er Brunhilde wiederholt, ihm etwas über sie zu erzählen, über ihre »Sitten und Gebräuche«, ein Ausdruck, der in Lehrbüchern über fremde Völker Verwendung findet. Als er ein Jugendlicher war, gab es niemanden, der ihm hätte erzählen können, daß deutsche Juden grundsätzlich Deutsche waren und daß die Juden in Osteuropa ursprünglich aus Deutschland stammten, eine Sprache sprachen, die aufs Mittelhochdeutsche zurückging, und über Jahrhunderte in einer feindlichen slawischen Umgebung sowohl politisch als auch kulturell einen deutschfreundlichen Einfluß ausübten. 1914 wurde die Armee des Kaisers als Befreiungsheer begrüßt. Niemand hätte Hilmar erzählen können, daß viele intellektuelle Juden, unabhängig von ihrer Meinung über die Haltung der nichtjüdischen Deutschen gegenüber den jüdischen Deutschen, große Hochachtung vor der deutschen Sprache und Kultur besaßen. Genauso wenig hätte er erfahren können, ob nichtjüdische Deutsche assimilierte Juden in ihrer Gemeinschaft tatsächlich willkommen hießen, oder welchen Rang Juden in der Welt im allgemeinen einnahmen.

Später konnte auch Brunhilde diese Fragen nicht für ihn beantworten; das war nicht ihr Thema. Das einzige, was sie ihm erzählen konnte, war, daß ihr als Kind eine hübsche jüdische Dame, weiter unten in der Straße, an Ostern immer Matze schenkte, was Brunhilde sehr mochte.

Hilmar verließ die Erziehungsanstalt ein Jahr nach Erlaß der Nürnberger Gesetze »zum Schutz des deutschen Blutes«. Ehen und sexuelle Beziehungen zwischen »Ariern« und »Nichtariern« wurden verboten, und die Nazis legten genaue Definitionen von »Nichtariern« fest. Es war offensichtlich, daß »Mischlingen« früher oder später verboten sein würde, die Universität zu besuchen. Hilmar wollte gerne Literatur oder Musik studieren. Bald wurde eine Verordnung für adoptierte »Halbjuden« erlassen. Von da an mußten »in jedem Falle Geburtsurkunden der natürlichen Eltern und der beiderseitigen Großeltern vorgelegt werden«.[3]

Bevor sie von dieser Verordnung hörte, schrieb Frau Wailke an die Nachfolgeorganisation des *Mutterschut-*

*Brunhilde (Sammlung Gudrun      Hilmar (Sammlung Gudrun
Merelo de Barbera)               Merelo de Barbera)*

*zes* in Frankfurt, um zu fragen, was sie mit dem Jungen
tun solle. Die Antwort lautete: Sie solle nicht annehmen,
daß Hilmar die Universität besuchen dürfe. Plötzlich war
seine »rassische Unreinheit« nicht mehr bloß eine kleine
Unannehmlichkeit, sondern wurde zu einem großen Hin-
dernis. Es wurde entschieden, daß der Junge Drogist werden sollte, und am 1. April 1936 wurde er Lehrling bei
der De-Dro, einer Einkaufsgenossenschaft für Arzneimittel
in der Warschauer Straße in Stettin.
Im November 1938 – dem Monat der »Kristallnacht« –
wurde Hilmar Zeuge einer Szene, die einen nachhaltigen
Eindruck bei ihm hinterließ. Um seinen Laden zu schützen, hatte ein jüdischer Händler seine Orden aus dem
Ersten Weltkrieg ins Schaufenster gelegt. Die Nazis zer-
schlugen es trotzdem.

Brunhilde wurde im Kasernenviertel Stettins (jetzt Szczecin in Polen) in einer konservativen preußischen Militärsfamilie geboren. Ihre Kindheit und Jugend waren schwierig. Ihr Vater, ein konservativer Nazigegner, erholte sich nie mehr von den schrecklichen Verletzungen, die er sich im Ersten Weltkrieg zugezogen hatte. Er litt unter einer schweren Kriegsneurose, war von Schmerzmitteln abhängig und schwer depressiv. Sein Held war der schnauzbärtige Feldmarschall August von Mackensen, der 1914 den siegreichen Feldzug gegen das Zarenheer geführt hatte. Brunhilde erinnerte sich an die Aufregung ihres Vaters (sie wuchs zur Zeit der Weimarer Republik auf), als der ehrwürdige Feldmarschall im Kasernenviertel ankam, um die Parade abzunehmen. Ausnahmslos zogen ihr Vater und andere Veteranen stolz ihre Uniformen an, und der Feldmarschall erwiderte den Gruß. Brunhildes Vater verbrachte die dreißiger Jahre damit, »Adolf« zu verfluchen und das Unheil richtig vorherzusagen. Mit achtzehn verließ Brunhilde das freudlose Zuhause und zog zu den Eltern ihrer lebenslangen Freundin Ursula Franke. Brunhilde lebte dreieinhalb Jahre bei Familie Franke, während sie Buchhalterin im Verlagsgewerbe lernte. 1941 wurde der gesundheitliche Zustand ihres Vaters als unheilbar bezeichnet. Er wurde in eine Klinik (ein »Holocaust-Laboratorium«) gebracht, wo er im Alter von 49 Jahren dem Euthanasieprogramm der Nazis zum Opfer fiel. Offiziell starb er an einer »Magenerkrankung«.

Schließlich fanden wir heraus, daß wir nicht die ersten Verwandten waren, die zu Brunhildes Familie Kontakt aufgenommen hatten. Schon in den frühen sechziger Jahren hatte es eine Begegnung zwischen Klaus-Dieter Netter und einem amerikanischen Namensvetter gegeben: Klaus (nicht *Klaus-Dieter*) Netter studierte in Kiel am

Institut für Weltwirtschaft. Der deutsche Klaus-Dieter
Netter arbeitete damals in einem Fotogeschäft, bei dem
der amerikanische Klaus Kunde war. Der Deutsche interessierte sich weder für den Amerikaner, noch für die Familie Netter. Er interessierte sich mehr für die Gegenwart
als für die Vergangenheit. Daher war er auch 25 Jahre
später nicht neugierig. Er und seine Frau Ute waren zwar
höflich, als sie uns bei unserem zweiten Nachmittags-
besuch trafen, doch sie verabschiedeten sich bald wieder,
nachdem wir Gefälligkeiten ausgetauscht und Kaffee und
Kuchen verzehrt hatten.

Die erste Begegnung in den frühen sechziger Jahren hatte
jedoch Folgen. Nach einer gewissen Zeit wurde der Amerikaner Ökonom bei den Vereinten Nationen in Genf,
wo er heute noch lebt. Klaus-Dieter Netter hatte seiner
Schwester Gudrun von dem Treffen im Fotogeschäft erzählt. Weit unkonventioneller, phantasie- und tempera-
mentvoller als ihr Bruder – und wißbegieriger bezüglich
ihrer Herkunft und der Vergangenheit im allgemeinen –
wollte sie soviel wie möglich über die Familie ihres Vaters herausfinden. Die Suche nach den Wurzeln war in
den sechziger Jahren schließlich hochmodern. Gudrun
konnte Klaus Netters Adresse ermitteln und besuchte ihn.
Aber der Besuch verlief nicht gut. Der Amerikaner hatte
den Eindruck, daß Gudrun mehr auf materiellen Gewinn
als auf Informationen über die Familie Netter hoffte. Sie
war tief verletzt von seiner abweisenden Art. Zweifellos
hatte es Kommunikationsprobleme gegeben.

Sobald sie begriffen hatte, was mit Hilmar geschehen war,
wollte Gudrun nicht mehr länger in Deutschland leben,
»unter den Leuten, die meinen Vater ermordet haben«.
Nicht einmal heute, erzählte sie uns, fühlt sie sich in
Deutschland richtig zu Hause. Sie lernte ein wenig He-

bräisch und reiste zweimal nach Israel, einmal für drei Wochen, das andere Mal für zwei Wochen. 1967 versuchte sie ohne Erfolg, in die israelische Armee aufgenommen zu werden. Eine Weile lebte sie in Algerien und danach in Portugal, wo sie einen Mann mit dem eindrucksvollen Namen Merelo de Barbera heiratete. Nach zwanzig Jahren im Ausland – und nach einer Scheidung – kehrte sie mit ihrer Adoptivtochter nach Deutschland zurück, um in der Nähe ihrer Mutter in Kiel zu wohnen.

Hilmar starb mit 25 Jahren. Als Gudrun 25 Jahre alt war, meinte sie, kein Recht zu haben, länger als er zu leben. Glücklicherweise ging dieses Gefühl wieder vorüber.

## München, Ende Juli 1989

*Der Spitzname cunctator [Zauderer], wie er für den Dikta-
tor Q. Fabius Maximums (217 vor Christi Geburt) ange-
wandt wurde, wird sogar heutzutage benutzt, um eine Person zu beschreiben, die zögert.*

Büchmann, *Geflügelte Worte* [1]

Das Seniorenwohnheim meiner Halbschwester Odette
war in der Menzinger Straße in München, unweit vom
Nymphenburger Schloß. Ich sollte sie um vier Uhr vor
dem Haupteingang treffen, wie sie mir am Abend zuvor
mitteilte, als sie mich schließlich trotz der Hitze zum Tee
einlud. Das Sicherheitssystem, sagte sie mir, sei sehr kom-
pliziert.

Ich war zehn Minuten zu früh da und sah sie zuerst von
weitem. Ich war erstaunt und erfreut zu entdecken, wie
sehr sie unserem Vater ähnelte. Natürlich war es genau
das, was ich festzustellen hoffte. Vielleicht hatte ich in mancher Hinsicht geglaubt, daß diese Feststellung es mir erleichtern würde, ihr die Wahrheit zu sagen. Ich hatte mehrere Strategien im Kopf, um es ihr zu erzählen; alle erfor-
derten die Begabung Napoleons, den richtigen psycholo-
gischen Moment zu erwischen, sowie das diplomatische
Geschick Talleyrands. Ich wagte kaum zu hoffen, daß sie
es in den tiefsten Winkeln ihrer Seele bereits wußte.

Wie unser Vater war sie nicht groß – Springreiter sind
selten groß – und besaß ähnlich gut geschnittene Züge,
einen ähnlichen Körperbau sowie – ich war fast sicher –
ähnliche blaugraue Augen. Zweifellos sah sie ihm ähnli-
cher als meine Schwester, mein Bruder oder ich.

Vielleicht fand ich sie allein aus diesem Grund vom ersten Moment an enorm *sympathique*. Wahrscheinlich ist
es aufgrund ihres Namens Odette, daß mir französische
Worte einfallen, wenn ich versuche, sie zu beschreiben.
Doch da war noch etwas anderes. Da war etwas Pariseri-
sches, etwas von einer *Grande Dame* an ihr.

Sie konnte es nicht vergessen haben, daß sie am Abend
zuvor versucht hatte, mich abzuwimmeln. Jetzt aber war
sie in einer freundlichen Stimmung. Sie führte mich die
Stufen hinunter in ihr Drei-Zimmer-Appartement, ein

Stockwerk unter dem Eingang gelegen. *Souterrain* war
der Begriff, den sie gebrauchte.

Das erste, was ich in der Diele bemerkte, war ein gerahm-
ter Stammbaum der von Mauclers, der bis ins elfte Jahrhundert zurückreichte.

Die erste Person in der Familie ihres leiblichen Vaters,
von der man etwas wußte, war Hayum ben Aaron, der
Urgroßvater ihrer Urgroßmutter Regina, eine geborene
Frank und Frau von Dr. Hermann Koch. Hayum ben
Aaron war Schutzjude in Arnstein gewesen, in der Nähe
von Würzburg, und hatte unter dem besonderen Schutz
des dortigen Prinzen gestanden. Sein Schutzbrief, datiert
von 1717, war im Besitz eines Verwandten. Sein Sohn
Aaron ben Hayum war Viehhändler und Geldleiher.

Nun, das wäre eine hübsche Einleitung für die bevorste-
hende Schilderung der Wahrheit gewesen.

Odettes Wohnzimmer war vornehm und bequem, schön
ausgestattet mit Biedermeiermöbeln. Sie hatte Teetassen
sowie eine Platte mit Petits Fours aufgedeckt.

Ich öffnete meine Tasche und nahm das Tonband heraus.

»Sie müssen verzeihen«, sagte ich, als ich mich setzte,
»aber ich bin Journalist und vom Rundfunk und habe
die schlechte Angewohnheit, interessante Gespräche auf-
zuzeichnen. Würde es Sie sehr stören, wenn ich mein Tonbandgerät aufstelle?

»Nicht im geringsten.« Sie schuf Platz auf dem Tisch.

»Sagten Sie vom Rundfunk?«

»Ja. Ich war 25 Jahre beim Kanadischen Rundfunk.«

»Kennen Sie zufällig einen Mann namens Peter Flinsch?«

Zufälligerweise kannte ich ihn. Er war ein begabter Ma-
ler, ungefähr in meinem Alter, und Bühnenbildner für
Fernsehspiele in Montreal.

»Oh, das ist nett«, sagte sie. »Somit haben wir einen ge-

meinsamen Freund. Sie müssen ihn anrufen und von mir
grüßen. Ich fürchte, wir haben ein wenig den Kontakt
verloren. Wir pflegten in Berlin viel Zeit miteinander zu
verbringen, als er Hauptfeldwebel der Flak war. Und später nach dem Krieg in München. Doch damals war er
bereits nach Kanada gezogen und nur zu Besuch in München.«

»Morgen fliege ich zurück nach Toronto. Ich werde ihn
am Mittwoch anrufen.«

»Das wäre nett von Ihnen. Sagen Sie ihm, er soll mir einen Brief schreiben.«

Sie setzte sich. Ich drückte den Startknopf.

»Nein, nein, stellen Sie noch nicht an.«

Ich stellte wieder ab.

»Lassen Sie mich zuerst etwas erzählen. Das letzte Mal,
daß mich jemand interviewte, war 1983, nachdem mein
Mann gestorben war. Jemand vom Bayerischen Rundfunk machte eine Sendung darüber, wie alte Menschen
mit dem Tod ihrer Lebensgefährten umgehen.«

»Oh, das muß schmerzhaft für Sie gewesen sein.«

»Eigentlich nicht. Um die Wahrheit zu sagen, hatte ich
kaum Probleme, darüber zu reden. Es gibt viele Möglich-
keiten, mit dieser Situation umzugehen. Ganz anders war
es vier Jahre später – bevor wir beginnen, kann ich ihnen
ebensogut davon erzählen. Das war, als mein Sohn Axel
starb.«

Ihre Stimme versagte.

»Ja, ein so begabter Journalist! Er hatte erst fünf Wochen
vorher den Egon-Erwin-Kisch-Preis erhalten. Selbstmord.
Danach gab ich meine Wohnung in der Romanstraße auf
und zog hierher in diese kleine Wohnung. Ich habe es
hier sehr komfortabel, und ich kann mich nicht bekla-
gen.«

»Sie sagten gestern abend am Telefon, daß Sie zu Versammlungen gehen müssen.«

»Ja, ich bin im Beirat eines Kulturvereins – wie soll ich
das erklären? – Er heißt *Deutsches Sozialwerk*. Wir organisieren Lesungen und Vorträge für Leute, die sich für
so was interessieren. Einige nennen uns elitär, aber das
kümmert mich nicht. Übrigens, seit Sie gestern abend
anriefen, geht mir der Name Koch aus Frankfurt im Kopf
herum. Jetzt dürfen Sie Ihren kleinen Apparat anstellen.«

Mein Mund war trocken, als ich es tat.

»Wissen Sie, Koch war der Finanzberater meiner Mutter.«

Onkel Louis!

»Erinnern Sie sich an die Zeit als kleines Mädchen« –
mein älterer Cousin hatte mir davon erzählt. »Ihre Mutter nahm Sie mit in Kochs Geschäft in Frankfurt, um diesen Mann zu besuchen?«

»Das ist gut möglich.«

Ich beschrieb ihr Onkel Louis. »Es wäre sehr gut möglich«, erklärte ich, »daß aus irgendwelchen familiären
Gründen ...« – warum zögerte ich? Warum kam ich nicht
einfach heraus damit? »... daß es irgendeine Verbindung
zwischen Ihrer Mutter und ...« – ich wollte sagen »einem
gewissen Mitglied der Familie Koch gab«. Das mußte
unweigerlich dazu führen, die Wahrheit zu erzählen.

»Es hatte Gerede gegeben«, unterbrach mich Odette, ohne
mir eine Chance zu geben, »über bestimmte Sicherheiten, die mein Vater für mich zu treuen Händen hinterlassen hatte.« Sie erinnerte sich sogar an den Begriff «mündelsichere Papiere«. Sie wüßte nicht, sagte sie, ob es so
etwas noch gebe. »Der Ausdruck muß bedeutet haben,
daß ein Kind sie nicht in die Hand bekam. Doch damals
haben wir natürlich alles, was wir hatten, durch die Inflation verloren.«

Nun, was hatte mein älterer Cousin über diese Besuche erzählt? Die Baronin, hatte er mir berichtet, ließ Onkel Louis spüren, daß er doch ein bißchen Verantwortung für Otto Kochs Vaterschaft übernehmen sollte. Dies tat er dann auch. Während und nach der Inflation mußte die Baronin etwas von den Reichtümern der von Mauclers verkaufen. Onkel Louis half ihr dabei. Er erwarb sogar selbst einiges und vielleicht – Odette mochte sich daran richtig erinnert haben – stand er auch ihrer Mutter in finanziellen Dingen mit Rat zur Seite. Mein Cousin erzählte mir noch etwas: nämlich, daß die Baronin nach einer Weile lästig wurde und die Zeit kam, als Onkel Louis sie nicht mehr empfangen wollte.

Eine Stunde lang – bis sie sichtlich müde wurde – erzählte mir Odette ihre Geschichte. Sie war so fesselnd, daß ich sie einfach nicht wie beabsichtigt mit dem Ausruf: *Meine liebe Odette, jetzt kann ich Dir sagen, daß wir Geschwister sind* unterbrechen konnte – wonach wir uns weinend und lachend in die Arme gesunken wären (wie Mutter und Tochter es zweifellos in der New-York-Geschichte getan haben, als sie sich endlich gefunden hatten).

Macht nichts, sagte ich mir, ich werde es ihr spätestens nächsten Sommer sagen.

Sie begleitete mich zur Tür.

»Vergessen Sie nicht, Peter Flinsch anzurufen.«

»Bestimmt nicht.«

»Werden Sie mir schreiben?«

»Nicht nur das«, sagte ich, »ich werde Sie nächsten Sommer wieder besuchen. Ich habe eine Tochter in München. Ich komme jedes Jahr.

»Ich nehme Sie beim Wort.«

Am Mittwoch rief ich Peter Flinsch in Montreal an.

»Sie haben Odette besucht? Wie geht es ihr?« rief er aus.

»Ich werde ihr sofort schreiben«, versprach er.

»Wenn ich nächstes Mal in Montreal bin, müssen wir zusammen essen gehen«, sagte ich. »Ich möchte, daß Sie mir alles über sie erzählen.«

Drei Wochen später aßen wir zusammen zu Mittag. Er erzählte mir, woran er sich erinnerte, als er während des Kriegs in Berlin stationiert war und von der Zeit danach. Ich nannte ihm den Grund meines Interesses an ihr.

»Glauben Sie, daß sie etwas vermutet?« fragte ich.

Er rieb sich das Kinn. »Wenn ja, hätte sie es Ihnen gesagt«, meinte er nach sorgfältiger Überlegung. »Sie war immer vollkommen offen.«

Ende September erhielt ich einen Brief von ihr:

*... Langsam verläßt uns die Sonne – die Reisen sind absolviert – das bedeutet Rückkehr an den Schreibtisch, Erinnerung an Briefe und auch ein wenig Einkehr nach Innen. ...*

*Inzwischen hatte ich einen lieben Brief von ihm [Peter Flinsch], der mich informiert über vergangene Jahre und wie es ihm jetzt so geht. Durch Ihr Auftauchen ist dieser Kontakt wieder hergestellt – wie das Leben so spielt. ...*

Zwei Wochen später erhielt ich ihre offizielle Todesanzeige. In der oberen linken Ecke der Karte stand:

*Alles wirkliche Leben ist Begegnung.*

## Die Rasse Ihres Vaters?

*1933 waren fast vierzig Prozent aller Ehen, die von Juden
geschlossen wurden, Mischehen. Eine Zahl, die im folgenden Jahr auf fünfzehn sank.*

Jeremy Noakes, *The Development of Nazi Policy towards
German-Jewish »Mischlinge« 1933-1945*[1]

Im März 1939, sechs Monate bevor der Krieg ausbrach,
stand Hilmar kurz vor seiner Abschlußprüfung als Lehrling in der Arzneihandels-Kooperative in der Warschauer Straße in Stettin. Horst war sechzehn und hatte die
Schule abgebrochen. Er wollte sein eigenes Leben führen, hielt es jedoch bei keiner Arbeit länger als ein paar
Tage aus. Seine längste Arbeit – auf einem Schiff – dauerte zwei Wochen. Er konnte sie nicht abbrechen, weil das
Schiff auf hoher See war.

Beamte des Jugendamts statteten Frau Wailke einen Besuch ab.

»Wenn Sie Ihren Jungen nicht im Griff haben, müssen
wir ihn woanders unterbringen.«

Panik ergriff sie. Sie wollten ihr ihr Horstelchen wegneh-
men! Sie benutzte immer den doppelten Diminutiv, wenn
sie von ihm sprach.

»Wovon reden Sie?« fragte sie.

Sie erklärten es ihr.

»Das ist ein schreckliches Mißverständnis! Sie haben die
Namen durcheinandergebracht. Der Junge, der mir Sorgen bereitet, ist nicht Horstelchen, sondern Hilmar, der
ältere.«

Die Beamten entschuldigten sich und bestellten Hilmar
zu sich. Er erzählte ihnen, daß er kurz vor der Abschlußprüfung stand. Sie sollten dies doch bei seinem Arbeitgeber überprüfen. Das taten sie dann auch. Hilmar ging
nach Hause und stritt sich mit Frau Wailke. Dann zog er
aus.

Frau Wailke war zu jener Zeit Mitglied der NSDAP und
hatte einen guten Ruf. Sie ging zu ihrem Parteibüro und
sagte: »Mein Hilmar ist so frech und aufsässig, daß er
Jude sein muß. Würden Sie bitte mal Nachforschungen
anstellen?«

Nach ein oder zwei Tagen zog Hilmar wieder zu Hause
ein. Er verzieh ihr immer wieder.

Im September, nachdem der Krieg ausgebrochen war,
meldete sich Hilmar freiwillig zur Wehrmacht, anstatt auf
die Einberufung zu warten. Er hoffte, seine Akte dadurch
zu bereinigen. Das »Wehrmachtsbezirkskommando« ent-
schied jedoch, daß er »wehrunwürdig« sei. Einer der
Offiziere, den er später wieder treffen sollte, machte ihm
das Leben besonders schwer.

Brunhilde nahm zunächst an, daß die NSDAP infolge von
Frau Wailkes Beschwerde im März interveniert habe. Aus
diesem Grund sei Hilmar für wehrunwürdig erklärt worden. Nach einigem Nachdenken bezweifelte ich das jedoch. Es ist unwahrscheinlich, daß die Wehrmacht zu jener Zeit in solcher Angelegenheit auf die Partei gehört
hat. Die Intervention der Partei war gar nicht nötig gewesen. Der Fall war nämlich sehr einfach. Hilmar wurde
für »wehrunwürdig« erklärt, weil er nicht beweisen konnte, daß sein Vater »Arier« war.

Seit 1935 war es Juden nicht mehr erlaubt gewesen, in
der Wehrmacht zu dienen. »Mischlinge ersten Grades«
(d.h. »Halbjuden«) durften jedoch dienen. Wenn Hilmar
in der Lage gewesen wäre zu beweisen, daß sein Vater
»Arier« sei, hätte man ihn zugelassen. Doch so stand es
der Wehrmacht frei (vielleicht war sie auch dazu gezwungen), ihn als »Volljuden« zu behandeln. Genau dies tat
sie. Der Führerbefehl vom 8. April 1940 schloß »Mischlinge« auch von der Wehrmacht aus, doch zu dem Zeitpunkt bereitete die Wehrmacht schon die Westoffensive
vor und hatte anderes zu tun, als »Halbjuden« aus ihren
Reihen zu entfernen.[2]

Später war Hitlers Politik gegenüber »Mischlingen« un-
entschlossen und zeugte von seiner Launenhaftigkeit in

dieser Angelegenheit. Bei »Härtefällen« wurde manchmal Nachsicht geübt:

*Der typische Härtefall ... war jemand, der unehelich war,*
*seinen jüdischen Elternteil nie gesehen hatte und allein*
*von seinem »arischen« Elternteil großgezogen wurde.*
*Nach den sporadischen Hinweisen in den Dokumenten*
*zu urteilen, waren Hitlers Kriterien, die Eingaben zu be-*
*werten, eine Kombination aus physischer Erscheinung,*
*Dienste für die Partei und Tapferkeit im Einsatz. So ver-*
*weist ein Bericht auf Hitlers Ablehnung einer Eingabe*
*»hinsichtlich der unvorteilhaften rassischen Merkmale«,*
*ein anderer »sollte mit Fotografien nochmals vorgelegt*
*werden«, einem anderen wurde »hinsichtlich seiner Ver-*
*dienste für die Bewegung« die Genehmigung erteilt.[3]*

Niemand dachte daran, Hilmar als »Härtefall« zu behandeln. Dies war das erste Mal, daß es für Hilmar hilfreich gewesen wäre, mit gut informierten Leuten zu sprechen, die in einer ähnlichen Lage waren wie er. Sie hätten
ihm sagen können, welche Hebel man in solchen Fällen
in Bewegung setzen mußte. Doch offensichtlich kannte
er niemanden, mit dem er über seine Lage hätte reden
können.
Ich habe zweimal ans Bundesarchiv geschrieben. Dort gab
es keinerlei Unterlagen über diesen Fall. Alles, was die
Mitarbeiter des Archivs tun konnten, war, mir Kopien
der wichtigen Bestimmungen zu senden.[4]
Die Deportation der Stettiner Juden begann fünf Monate
nach Ausbruch des Krieges und zwei Jahre vor der
»Wannseekonferenz«, auf der über die systematische
Umsetzung der längst getroffenen Entscheidung zur »Endlösung der Judenfrage« beraten wurde.[5]

Am 16. Februar 1940 schickte der amerikanische Botschafter in Berlin folgendes Telegramm nach Washington:

*Aus amtlichen Quellen war zu erfahren, daß nahezu der ganzen jüdischen Bevölkerung des Stadtbezirks Stettin, die aus 1200 Juden besteht, in einer sieben Stunden vorher gemachten Ankündigung befohlen wurde, ihre Wohnungen am Montag abend, dem 12. Februar, zu verlassen. Sie wurde im Laufe derselben Nacht abtransportiert. Ihre Wohnungen sind durch die Polizei versiegelt worden, und praktisch waren die einzigen Juden, die von dieser Evakuierung ausgenommen wurden, kleine Kinder und kranke Alte, die in Kinder- bzw. Altenheimen gelassen wurden. Es fehlten immer noch genaue Informationen, wohin die Evakuierten geschickt wurden, doch man nimmt an, daß sie in den Bezirk Lublin in Ostpolen transportiert wurden.*[6]

Warum war Hilmar nicht unter »nahezu der ganzen jüdischen Bevölkerung« von Stettin? Warum war er nicht unter den späteren Gruppen, die nach Osten geschickt wurden? Warum blieb er während der folgenden vier Jahre Krieg und Verfolgung bis zum 11. Januar 1944 ein freier Mann? Einmal abgesehen von den Schwierigkeiten, die Frau Wailke ihm gelegentlich bereitete – schließlich hatte ihn die Wehrmacht wie einen »Volljuden« behandelt. Warum nicht die Gestapo? Warum nicht die NSDAP?
Ein Grund könnte sein, daß er mit keiner Gruppierung Kontakt hatte, die von den Behörden als unerwünscht und gefährlich angesehen wurde. Wahrscheinlicher ist, daß er einfach Glück hatte.
Hilmars Glück dauerte sogar an, nachdem Frau Wailke

bis zum Äußersten ging und seinen Fall vor das »Rassenpolitische Gauamt« der NSDAP brachte, fünf Monate
nachdem der erste Transport mit Juden Stettin verlassen
hatte. Brunhilde zeigte mir einen Brief der NSDAP, »Gau-
leitung Pommern, Hauptstelle Frauen- und Mädelarbeit«:

_Stettin, den 11. Juni 1940_
_Sehr geehrte Frau Pfarrer!_
_Da es leider nicht glückte, daß wir Sie am Donnerstag,_
_dem 6.6. bei uns im Rassenpolitischen Gauamt sprechen_
_konnten, bitte ich Sie, doch in den nächsten Tagen zu_
_einer Besprechung vorbeizukommen. Ich bitte Sie, sich_
_vorher telefonisch .... anzumelden. Es ist unbedingt wich-_
_tig, daß diese Angelegenheit vorwärts kommt._
_Heil Hitler!_

Es ist schwer vorstellbar, daß Frau Wailke in Hilmars Interesse handelte, wenn sie wollte, »daß diese Angelegenheit vorwärts kommt«.
Hilmar war in der Schweiz geboren. Also ging er aufs
Schweizer Konsulat, um einen Schweizer Paß zu beantra-
gen. Die Schweizer lehnten höflich ab. Sie waren der
Meinung, daß die Angelegenheit für sie nicht wichtig genug sei, um es auf einen Konflikt mit den Nazi-Behörden
ankommen zu lassen. Später bemühte er sich auch um
Hilfe aus Schweden. Brunhilde hatte Freunde und Verwandte dort. Doch die Verbindung nach Schweden erwies sich als ebenso fruchtlos wie die in die Schweiz.
Am 14. Februar 1941 schickte ihm die Polizei ein Ein-
schreiben.

_Zwecks Klärung Ihrer Abstammungsverhältnisse, insbe-_
_sondere, ob Sie Mischling I. Grades oder als Jude im Sin-_

*ne der Ersten Verordnung zum Reichsbürgergesetz vom*
*14. November 1935 zu gelten haben, ersuche ich um*
*Beibringung folgender Urkunden:*
*1. Ihre Geburtsurkunde*
*2. Geburtsurkunde Ihrer Mutter*
*3. Geburtsurkunden bzw. Taufscheine Ihrer Großeltern*
*mütterlicherseits*
*4. Die Heiratsurkunde der zu 3. Genannten*
*Da Sie unehelich geboren sind, haben Sie weiterhin eine*
*Bescheinigung seitens des Vormundschaftsgerichts beizu-*
*bringen, in welcher der Name Ihres Erzeugers angegeben*
*ist. Ferner haben Sie die unter 2. bis 4. aufgeführten*
*Abstammungsurkunden über Ihren Erzeuger gleichfalls*
*vorzulegen.*
*Sollte Ihnen die Beschaffung der Urkunden, insbesonde-*
*re der Ihres Erzeugers, nicht möglich sein, so stelle ich*
*Ihnen die Einholung eines Abstammungsbescheides durch*
*die Reichsstelle für Sippenforschung in Berlin NW 7,*
*Schiffbauerdamm 26, anheim.*
*Die Beibringung der Urkunden hat bis spätestens 1.4.1941*
*zu erfolgen. Sollte bis zu diesem Zeitpunkt die Vorlage der*
*Urkunden nicht erfolgt sein, so gelten Sie als »Jude«.*

Als Hilmar den Brief erhielt, hatte er bereits die »Reichsstelle für Sippenforschung« konsultiert. Der Vorläufer war
die »NS-Auskunft« gewesen, die weitgehend auf der
Grundlage von Denunziationen arbeitete. 1934, als sie
sich zur obersten Behörde zur Bestimmung schwieriger
Fälle entwickelte, wurde sie dem »Reichsinnenministerium« unterstellt. (Die NSDAP hielt ihre eigene Bürokratie, wie das »Rassenpolitische Amt«, mit dem Frau
Wailke in Verbindung gestanden hatte, aufrecht.) Andere
Behörden – z.B. die Polizei – konnten eine Person fragen,

ob sie »Halbjude« oder »Vierteljude« sei, und im Falle
falscher Antworten mit Strafe drohen, jedoch nur die
»Reichsstelle« konnte einen Fall ein für allemal auf Grundlage von Berichten der sogenannten »Ahnenforscher« und
der Standesbeamten entscheiden. Der Leiter war Dr.
Achim Gercke, dessen höchstes Ziel die Einrichtung einer »Reichssippenkartei« war, eng verbunden mit einem
zentralen Zivilstandesamt.[7]

Die Beamten der »Reichsstelle« waren immer höflich zu
Hilmar. Er muß ihnen seine Geschichte erzählt und seine
Geburtsurkunde gezeigt haben, die seinen ursprünglichen
Namen, Robert Netter, Tag und Ort seiner Geburt, den
Namen seiner Mutter, ihren Geburtstag und Geburtsort
– Straßburg – sowie den Namen seiner Großmutter – Anna
Netter – preisgab. Straßburg befand sich damals unter
deutscher Kontrolle, und die »Reichsstelle« würde in der
Tat schnell herausgefunden haben, daß die Netters jü-
disch waren, wenn sie sich nur die Mühe gemacht hätte.
Damit wäre das Problem seiner Mutter geklärt gewesen.
Jedenfalls waren sie nicht in der Lage herauszufinden, ob
sein »Erzeuger« »Arier« war.

## Herrlingen, Wiesbaden, Frankfurt, Berlin

*Das Versagen der Republik beweist nichts für die histori-
sche Gültigkeit dessen, was nach ihr kam, und die Ge-
schichtsschreiber tun Hitler viel zu viel Ehre an, die uns
glauben machen wollen, es habe Deutschland seit hundert
Jahren nichts anderes getrieben, als sich auf das unvermeid-
liche Ende, den Nationalsozialismus, vorzubereiten. Einzelne Gedanken und Gefühlsstücke, mit denen er hantierte,
der großdeutsche Nationalismus, Imperialismus, Sehnsucht
nach dem Cäsar, Judenhaß, schwammen freilich längst in
der deutschen Seele herum; aber solche Tendenzen ergaben
an sich noch keine geschichtlich wirksame Macht. ... Für seinen Aufstieg waren noch andere Dinge notwendig: die Wirt-
schaftskrise und dies eine unvergleichliche Individuum. ...
Das, was sich in der Tat seit Bismarck vorbereitete und was
der Weltkrieg zur Reife brachte, war das Interregnum ...
Der Rest war nicht vorbestimmt.*

Golo Mann, *Deutsche Geschichte des 19. und 20. Jahrhunderts*[1]

BARON MORITZ VON MAUCLER wurde im Juni 1918 an
der Westfront getötet. Odette erinnerte sich daran, daß
ein Paket mit seinen persönlichen Sachen in Oberherrlingen eintraf, dem Schloß, in dem sie mit ihrer Mutter lebte. Einige Jahre nach dem Krieg ging sie nach Frankreich, um auf einem jener unendlich großen Kriegs-
friedhöfe nach seinem Grab zu suchen. Nach langer Suche fand sie es – sein Name war falsch geschrieben.
1839 war Oberherrlingen – jetzt eine historische Stätte –
der Familie von Maucler vom Württembergischen König
geliehen worden, der seine grundlegenden Besitzrechte
behielt. Es handelte sich um einen *Fideikommiß*, eine
rechtsgültige Vereinbarung mit genauen Erbregeln. Nachdem der König abgesetzt worden war, eignete sich die
Weimarer Republik für kurze Zeit seine Rechte an, einschließlich des Rechts, darauf zu bestehen, daß die Familie nur dann im Schloß leben durfte, wenn ein Mitglied
männlich war. Dies war nach dem Juni 1918 nicht mehr
der Fall. Es gab jedoch einen anderen Zweig in der Familie Maucler, den *türkischen* Zweig, der eine männliche
Person vorzuweisen hatte. Mia von Maucler, die mich zu
Odette geführt hatte, ist die letzte lebende Angehörige
dieses Zweigs. Ihnen wurde der Beiname *türkisch* gegeben, weil Mias Großvater, der Ingenieur Baron Paul Emile
Eugène Joseph César Jules von Maucler, vor dem Ersten
Weltkrieg für die *Chemin de Fer Ottoman d'Anatolie* arbeitete.
Sie waren froh, das einsame, unbequeme und unzugäng-
liche Schloß verlassen zu können. Bevor sie jedoch gingen, mußte das Erbe von Baron Moritz zwischen der Baronin und den *Türken* geteilt werden. Dies hatte wahrscheinlich mehr mit dem Testament des Barons zu tun als
mit den Bestimmungen des Fideikommiß, da 1921, ein

Jahr zuvor, der Staat seine Besitzrechte endgültig aufge-
geben hatte.[2] Anscheinend wandte sich die Baronin an
Onkel Louis um Rat. Er schickte einen Anwalt, um sich
Klarheit zu verschaffen. Alles war ausgefochten worden.
Die Verhandlungen, schrieb der Anwalt, scheinen direkt
aus einem Roman zu stammen, und die Baronin, »die
offensichtlich von niedriger Herkunft war, spielte die
Dowager Königin vom Schloß«.

1922 zogen die Baronin und Odette in eine Villa in
Eddersheim, zwischen Wiesbaden und Frankfurt, direkt
am Ufer des Mains. Sie hatte 22 Zimmer und war von
einem erfolgreichen Ingenieur erbaut worden. In jenen
Tagen war dieses Gebiet noch ein idyllischer Landstrich.
Zehn bis fünfzehn Umzugswagen wurden benötigt, um
die Wertgegenstände der Baronin zu transportieren. Die
Baronin war nun bereit, das Leben einer – wie böse Zun-
gen behaupten – lustigen Witwe zu führen.

Während der Inflation mußte viel vom Erbe verkauft
werden. Natürlich war der Baronin völlig klar, daß sie
nicht von einer verschwindend kleinen Rente leben konnte, die sie als Witwe eines kleinen Leutnants der Reserve
erhielt, doch war sie immer eine gute Geschäftsfrau – ein
Talent, nebenbei bemerkt, das Odette erbte. Irgendwie
schaffte sie es, Odette auf eine vornehme Mädchenschule
in Wiesbaden zu schicken – so vornehm, daß sich dies
nur wenige andere Deutsche leisten konnten.

Sieben Jahre lang besuchte Odette zusammen mit russischen Prinzessinnen und Erbinnen aus vielen Ländern die
Schule in Wiesbaden, das anfangs noch von den Franzosen besetzt war. Die Lehrer legten großen Wert darauf,
daß die Mädchen Hochdeutsch sprachen. Deshalb gab es
selbst in ihren hohen siebziger Jahren keine schwäbische
oder hessische Wendung in Odettes Sprache.

Nachdem Odette die Schule 1929 verlassen hatte, gaben sie und die Baronin die Villa in Eddersheim auf und zogen ins Frankfurter Westend, in die vornehme, bourgeoise Mendelssohnstraße, nur ein paar Straßen vom Westendplatz entfernt, wo wir damals lebten. Odette sollte Zugang zur Gesellschaft der Großstadt finden, anstatt zu der ländlichen entlang des Flusses.

In Frankfurt hätte es viele Gelegenheiten gegeben, *mir*, ihrem Halbbruder, zu begegnen; wir hätten uns beispielsweise auf meinem Schulweg auf dem Westendplatz treffen können. Eins hätte zum anderen führen können. Ich hätte mich sogar in sie verlieben können, und sie sich in mich – obwohl dies vor dem März 1935 hätte geschehen müssen, als ich Frankfurt im Alter von fünfzehn Jahren verließ. Da war sie 24.

Die Baronin und ihre Tochter kamen kurz vor dem Börsenkrach, der Depression und den Nazis nach Frankfurt. Der Grund für die Opfer der Mutter war gewesen, die Tochter mit den bestmöglichen sozialen Vorteilen auszustatten, und ihre Bemühungen waren nicht unrealistisch. Odette war attraktiv, zierlich, gebildet, besaß einen schönen Namen und war von einer reizvollen Eleganz. Damals besuchten Mädchen aus guten Familien nur selten die Universität. Odette immatrikulierte sich in einer ausgezeichneten Wirtschaftsoberschule, wo sie sich Kenntnisse als Sekretärin erwarb. Sie hatte die Vorstellung, daß sich dies als nützlich erweisen könnte, falls sich kein passender Mann fände.

Es fand sich keiner, obwohl viele Männer sie zum Tanzen in den Frankfurter Hof ausführten. Unter ihnen sowie den Freunden der Mutter gab es mehrere Juden, die schon bald das Land verlassen mußten. Einer von ihnen tauchte nach dem Krieg in amerikanischer Uniform wieder auf, nachdem er beachtliche Mühe auf sich genommen hatte, sie zu finden.

Was dachte die Baroness nach 1933 über die neue Nazi-Regierung, die die Freunde veranlaßt hatte, wegzugehen? Vielleicht vertrat sie denselben Standpunkt wie viele andere Deutsche der Oberschicht, die sich wunderten, daß dieser vulgäre Hitler bei allem, was er tat, so außerordentlich erfolgreich war. Schließlich war es an der Zeit, daß jemand mit dem beschämenden Versailler Vertrag und all den schrecklichen Kommunisten Schluß machte. Und zur Abwechslung war es auch einmal angenehm, keine drei Regierungskrisen pro Jahr sowie ständige Wahlen über sich ergehen lassen zu müssen. Letztere waren immer ein besonderes Ärgernis. Und plötzlich keine Arbeitslosigkeit mehr, beinahe über Nacht! Außerdem war es schön, die Leute wieder einmal lächeln zu sehen. Was die ekelhaften Dinge betraf, die die Nazis den Juden antaten, was hatte das schon mit ihnen zu tun?

Aber es ist ebenso gut möglich, daß die Baronin auf der gleichen Wellenlänge lag wie ihr Freund Ernst Udet, der ein anständiger Mann war und sich von den Nazis nicht täuschen ließ. Udet sollte in Odettes Leben noch eine wichtige Rolle spielen.

Gerade mal 18 Jahre alt, als der Krieg begann, hatte er am Ende des Ersten Weltkriegs bereits sechzig Siege in der Luft errungen und 22 Flugzeuge der Alliierten abgeschossen. Dafür erhielt er die höchste Auszeichnung, den Orden *Pour le Mérite*. Genau wie sein Freund Hermann Göring, Kommandeur der Richthofen-Staffel. Die zwanziger Jahre hindurch war Udet Testpilot, Kunstflieger, Unternehmer in der Luftfahrt, Weltreisender und Abenteurer. Udet war klug, besaß Esprit und war eine Berühmtheit. 1932 empfing ihn Präsident Hoover im Weißen Haus.

Am 29. Januar 1933 besuchte Ernst Udet den jährlichen
Berliner Presseball, das prächtigste Ereignis der Saison.
An seiner Seite der Bühnenautor Carl Zuckmayer, der später im Exil in den Vereinigten Staaten von Amerika das
berühmte Theaterstück *Des Teufels General* über ihn
schreiben sollte.

Zuckmayer erinnert sich:
*Irgendwann in der Nacht [des Presseballs] sprach sich
herum, Hitler sei zum Reichskanzler ernannt worden. Dies
wurde zum Teil mit gezwungenen Scherzen, zum Teil mit
optimistischen Illusionen (»Der schlaue Schachzug
Papens, um ihn kaltzustellen«, »Er wird der Gefangene
seines Kabinetts sein« und so weiter), größtenteils gar
nicht kommentiert. Desto mehr wurde getrunken und
getanzt.*
*Wir verließen das Fest mit Udet, der die Eigenschaft hat-
te, ganz plötzlich wieder nüchtern zu werden, und sich
auf charmanteste Weise meiner Mutter annahm. »Kein
Wort mehr von Hitler«, hatte er mir zugeflüstert, »die
alte Dame soll eine schöne Ballnacht haben.«* [3]

Görings weitgehend erfolgreiches Werben um seine alten
Kameraden begann sofort nach Hitlers Ernennung zum
Reichskanzler. Er brauchte sie für seine neue Luftwaffe,
die durch den Vertrag von Versailles verboten worden
war. Sogar Nazigegner wie Wolfram von Richthofen (Cousin des berühmten Manfred), der Göring wegen seiner
verrufenen Politik gemieden hatte, ließ sich hinzuwählen.
Im Februar 1933 gab Udet Göring einen Korb. Alles, was
er wolle, sei fliegen, sagte er: Wie auch immer, er sei es
nicht mehr gewohnt, eine Uniform zu tragen und verste-
he nichts von Politik.

Im Juni, auf einer Reise in die USA, gab er einer Zeitung aus St. Louis ein Interview. Er wurde gefragt, was er von Hitler hielt. Privat verabscheute er Hitler, doch war er vor allem ein deutscher Patriot und fühlte sich verpflichtet, seine Regierung im Ausland zu verteidigen. Viele Berichte in der amerikanischen Presse wären übertrieben. Hitler täte nur, was vierzig Millionen von ihm wollten. Und eines sei sicher: Die Kaiserzeit sei für immer vorbei; er würde niemals auf den Thron zurückkehren. Ja, es habe Fälle gegeben, in denen Juden schlecht behandelt worden sind, aber dies sollte nicht mißverstanden werden. Kein deutscher Jude, der sich um seine eigenen Angelegenheiten kümmere und ein guter Bürger sei, habe etwas zu befürchten. Niemand werde belästigt werden. Die anderen, die keine Kommunisten seien, würden auch in Ruhe gelassen. Aber etwas habe gegen die Ausbreitung des Kommunismus getan werden müssen.[4]

Im April 1935 nahm Udet an Hermann Görings Hochzeit mit seiner zweiten Frau, der Schauspielerin Emmy Sonnemann, teil. 224 Gäste hatten sich im Hotel Kaiserhof eingefunden. Udet saß am selben Tisch mit dem Gauleiter von Nürnberg und mit Julius Streicher, dem Herausgeber des antisemitischen Wochenblattes *Der Stürmer.* Nur üppige Mengen Cognac, sagte Udet später, hatten es ihm möglich gemacht, den Abend zu überstehen.

Doch Ernst Udet liebte Flugzeuge mehr, als er die Nazis verabscheute. Bald fand er sich wieder als Leiter des Technischen Amtes von Görings Reichsluftfahrtministerium und später als Generalluftzeugmeister.

Im November 1936 wollte Ernst Udet Flugzeuge sehen, die in Paris ausgestellt waren. Deutschland hatte die Einladung zur Teilnahme abgelehnt. Deshalb reiste er halboffiziell. Er sollte Gast des *Cercle Militaire* sein. Der deut-

sche Botschafter forderte ihn auf, in Uniform zu kommen. »Quatsch!« rief Udet aus. »Wenn ich Uniform trage und ein Taxi nehme und einen jüdischen Fahrer habe, wird er mich anspucken. Nein, ich werde mich wie ein gewöhnlicher Mensch kleiden und einen Smoking tragen.«[5]
Als er nach Berlin zurückkehrte, traf er Zuckmayer, der das Gespräch in seiner Autobiographie beschrieb:

*Wir trafen uns zum Essen in einem kleinen, wenig besuchten Lokal. »Nicht bei Horcher«, hatte er gesagt – das war früher unser Treffpunkt gewesen –, »da hocken jetzt die Bonzen.«*
*Er trug Zivil, aber er war schon hoher Offizier der Luftwaffe. »Schüttle den Staub dieses Landes von deinen Schuhen«, sagte er zu mir, »geh in die Welt und komm nie wieder. Hier gibt es keine Menschenwürde mehr.«*
*»Und du?« fragte ich.*
*»Ich«, sagte er leichthin, fast beiläufig, »bin der Luftfahrt verfallen. Ich kann da nicht mehr raus. Aber eines Tages wird uns alle der Teufel holen.«[6]*

Am 17. November 1941, nachdem Göring ihn wegen des Vorwurfs, am Scheitern des Blitzkriegs gegen England Schuld zu sein, fallengelassen hatte, nach Monaten des Selbstzweifels und nach immer stärkeren Angstzuständen trank Ernst Udet eine halbe Flasche Cognac und erschoß sich. Hitler nahm an seinem Staatsbegräbnis teil. Göring hielt die Grabrede.

Udet traf Odette in den frühen dreißiger Jahren. Udet flirtete mit Odette. Odette flirtete mit Udet. »Wie ernst war das?« fragte ich Mia von Maucler nach Odettes Tod. »Erwartete sie, von ihm geheiratet zu werden?«

»Oh«, lächelte sie, »ich glaube, es war ziemlich ernst.«
Zu mir hatte Odette gesagt: »Wir fuhren um 1936 nach
Berlin. Niemand dachte an Krieg. Ja, heute klingt das
schlimm. Aber es ist wahr. Wie dem auch sei, meine Mutter und eine andere Dame kannten Udet. Sie kannten ihn
sehr gut. Sie nahmen den Tee oft gemeinsam im Hotel
Carlton. Ich war ein junges Mädchen. Ich erzählte ihm,
daß ich aus Frankfurt weggehen wollte. Er sagte: ›Komm
und arbeite für mich. Komm und arbeite in meinem Vorzimmer.‹ Und das tat ich. Schließlich war ich qualifiziert,
nach zwei Jahren auf meiner Wirtschaftsoberschule. Und
in diesem Vorzimmer traf ich meinen Ehemann, Hanns
Arens. Und wissen Sie was? Udet war böse auf mich. Er
dachte, daß ich ihm einen Korb gegeben hatte.«

## Die Angst im Nacken

*Es besteht völlige Klarheit und Einmütigkeit darüber, das jüdische Blut, auch soweit dessen Träger Halbjuden sind, aus dem deutschen und darüber hinaus aus dem europäischen Blutstrom auszuscheiden, d.h. in erster Linie jede Blutmischung mit Deutschen oder Artverwandten zu verhindern. Der einfachste und scheinbar zum sichtbarsten Erfolg führende Weg würde, soweit das deutsche Volk in Frage steht, sein, die Halbjuden den Juden gleichzustellen und sie in die für Juden gegenwärtig bereits in Gang befindliche Abschiebungsaktion einzubeziehen. Das beabsichtigte Ziel, die völlige Herauslösung aus dem deutschen Volkskörper, würde dadurch in kurzer Frist erreicht sein.*

Aus einem Schreiben des »Reichsministers des Innern« vom 16. März 1942 an einige Teilnehmer der »Wannseekonferenz«[1]

HILMAR TRAF BRUNHILDE in einem Café in Stettin am Karfreitag 1941, dreizehn Monate, nachdem der erste Transport mit zwölfhundert Juden nach Lublin in Polen abgegangen war. Sie wurden einander von gemeinsamen Freunden vorgestellt. Er arbeitete für eine Einkaufsgenossenschaft von Barbieren und Friseuren. Sie war leitende Buchhalterin bei Leon Saunier, der zweitgrößten Buchhandlung in Norddeutschland. Sie waren gleich alt.

Auf die Frage »Warum bist du nicht in Uniform?«, die jeder gestellt hätte, der einen scheinbar gesunden Mann 1941 in Deutschland traf, gab es drei mögliche Antworten: Es konnte medizinische Gründe haben; er konnte eine geheime Kriegstätigkeit ausüben; oder er konnte »Nicht-Arier« sein.

Sie kannten sich sechs Wochen, als ein Bekannter Brunhilde erzählte, daß Hilmar Schwierigkeiten hätte, seine »arische« Herkunft nachzuweisen. Als sie ihn dazu befragte, erklärte Hilmar, daß er adoptiert wurde und seine Mutter Jüdin gewesen war. Für den Augenblick gab ihr Hilmar keine weiteren Details, sie fragte auch nicht weiter.

1941 waren die Nazis auf dem Höhepunkt ihrer Macht. Der Einmarsch in Rußland, am 22. Juni begonnen, ging bis Oktober reibungslos voran, als er vor Moskau zum Stillstand kam. Die Bombardierung Pearl Harbors, in deren Folge die Vereinigten Staaten in den Krieg eintraten, war erst am 7. Dezember. Und Rommels Afrikakorps war noch nicht geschlagen. Die meisten in Brunhildes und Hilmars Kreisen hatten guten Grund zur Annahme, daß Deutschland den Krieg gewinnen würde. Während Hitler einen Erfolg nach dem anderen feierte, müssen sie das Naziregime unterstützt oder zumindest ohne Widerspruch akzeptiert haben, einschließlich der gelegentlich geäußer-

ten Absicht, Juden und »Mischlinge« aus dem deutschen
Alltag auszuschließen. Erst als Hitler Niederlagen hinnehmen mußte, nahm seine Popularität ab. Dennoch
glaubten viele weiterhin an einen Endsieg Deutschlands.
Brunhilde erzählte mir von einer Begebenheit im Jahr
1944, als einer ihrer Freunde versuchte, einem deutschen
Offizier auf Urlaub ein Zimmer zu vermieten. Der Offizier glaubte immer noch an Hitler, war jedoch während
des Rückzugs von der Ostfront Zeuge »schrecklicher
Dinge« in Rußland geworden – wahrscheinlich die Er-
schießung von Juden oder russischen Gefangenen. »Wenn
wir einmal den Krieg gewonnen haben«, hatte der Offizier verkündet, »dann werde ich diesen Leuten gründlich
meine Meinung sagen.«
Im Frühjahr 1941 müssen sich Hilmar und Brunhilde sehr
bemüht haben, ihre Hoffnung zu verbergen, daß Deutschland den Krieg verlieren möge. Selbst wenn Hilmar in
der Lage gewesen wäre zu beweisen, daß sein Vater »Arier« war, wäre er ein »Mischling ersten Grades«, und damit war eine Heirat mit Brunhilde verboten.
Auf der Wannseekonferenz am 20. Januar 1942, wurde
die Ermordung der europäischen Juden nicht erst beschlossen. Da sie bereits in vielen Ländern stattfand, sollten lediglich noch alle behördlichen Hindernisse ausge-
räumt werden.

*Am 29. November wurden die Einladungen zum 9. De-
zember verschickt; vermutlich wegen des japanischen
Angriffs gegen die Vereinigten Staaten wurde die Konferenz dann auf den 20. Januar 1942 verschoben. Es eilte
nicht. Die Konferenz hatte lediglich den Zweck, die
Ministerialbürokratie in ein schon begonnenes Unternehmen einzubeziehen.*[2]

Die Teilnehmer verbrachten viel Zeit damit, sich mit der
»Gefahr« herumzuschlagen, die die verschiedenen Gra-
de von »Mischlingen« für die Reinheit des arischen Blutes bedeuteten und wie damit umgegangen werden sollte.
Das war jedoch eine Frage von verhältnismäßig geringer
Bedeutung. Wenn elf Millionen Juden erfaßt werden
mußten, würden die rund siebzig Tausend »Mischlinge«
in Deutschland ungefähr ein halbes Prozent ausmachen.[3]
Dennoch wurde diese Frage auf fünf von fünfzehn Seiten
im offiziellen Protokoll der Konferenz behandelt, das als
Beweis beim Nürnberger Kriegsverbrecherprozeß 1946*
benutzt wurde.

*Gemeinsam hatten sich Beamte der deutschen Reichs-
behörden nach der Wannseekonferenz mit den von den
Staatssekretären offengelassenen Fragen zu beschäftigen,
welche die Behandlung der Juden in »Mischehen« sowie
deren Ehepartner und das Schicksal der »Mischlinge«
betrafen. Die Eilbedürftigkeit der ausstehenden Entschei-
dungen drückte sich darin aus, daß bereits am 6. März
1942 eine Beratung stattfand, die Vertreter von elf Mini-
sterien und Ämtern zusammenführte. Zunächst debattier-
ten sie den Vorschlag, den Innen-Staatssekretär Stuckart
bereits am Wannsee unterbreitet hatte, und stimmten dem
Plan zu, ohne jedwede Ausnahme alle »Mischlinge ersten Grades«, die sogenannten »Halbjuden«, zwangsweise
zu sterilisieren. Danach sollten sie in eine Stadt »im unmittelbaren Einflußbereich des Deutschen Reiches« ge-*

---

* Nürnberg wurde gewählt, weil es eines der Zentren des Nazikults
war und eine besondere Bedeutung bei der Weiterentwicklung der
Nürnberger Rassengesetze von 1935 hatte, die »nur« Eheschlie-
ßung und geschlechtlichen Verkehr zwischen »Ariern« und bestimm-
ten Kategorien von »Nichtariern« verboten.

*bracht werden. Das konnte nur heißen, daß in Variation des Theresienstädter Plans, den »Halbjuden« ein Aufenthaltsort im Osten zugewiesen werden würde. Schon nach allen bisherigen Erfahrungen konnte das aber nur bedeuten, daß am Ende auch diese Gruppe der »Nichtarier« keine Lebenschance erhalten würde.[4]*

Lange vor der Wannseekonferenz wurde mit den Nürnberger Gesetzen bereits das Verbrechen der »Rassenschande« erfunden. Brunhilde konnte eine lange Gefängnisstrafe oder Jahre harter Arbeit erwarten, wenn sie jemand denunziert hätte – zum Beispiel Frau Wailke. Für Hilmar drohte die Deportation. Kein Wunder, daß beide die Angst niemals losließ. Sie hatten die Angst im Nacken.

Im April 1941 wurde Frau Wailke wegen Fälschung inhaftiert. Zeitweise war sie als Schwester in einem Krankenhaus angestellt und hatte Rezepte für das Narkotikum Pantopon manipuliert, indem sie aus der römischen Ziffer V ein X machte und somit die verschriebene Dosis verdoppelte – nichts war leichter als das – und den Überschuß nicht in die Venen der Patienten, sondern in ihre eigenen injizierte. Dieser Betrug klappte einwandfrei, so daß sie schon bald süchtig wurde. Der Betrug wurde entdeckt, als sie selbst aus irgendeinem Grund als Patientin untersucht wurde. Es gab ein Verfahren, und sie wurde zu sechs Monaten Gefängnis verurteilt. Danach wurde sie zum Entzug in eine Nervenheilanstalt in Ueckermünde, nordöstlich von Stettin, geschickt.

Im Sommer 1993 fragten Gudrun und ich uns, ob zufällig Frau Wailkes Krankenunterlagen den Krieg, die Russen und die deutschen Kommunisten überstanden hat-

ten. Gudrun verfolgte die Angelegenheit und fand heraus, daß sie wundersamerweise noch existierten:

*2.5.1941: Mürrisch, widerstrebend. Antwortet nicht,*
*handarbeitet weiter und nimmt keine Notiz vom spre-*
*chenden Arzt. Sie sei etwas Besseres gewohnt als diese*
*Irrenhausbehandlung. ... Beide Oberschenkel sind mit*
*blau-roten Narben bedeckt, die von Injektionsabszessen*
*herrühren. Das Pantopon habe sie noch genommen, da*
*sie wahnsinnige Nierenschmerzen aushalten mußte. ...[5]*

Frau Wailke war nicht nur mürrisch und widerstrebend,
sie stritt sich auch mit den Schwestern und anderen Patienten und wurde deshalb in ein Arbeitshaus geschickt.
Hilmar versuchte, alle Hebel in Bewegung zu setzen, um
sie wieder in die Nervenheilanstalt verlegen zu lassen.
Zweimal nahm er Brunhilde zu Besuchen mit. 1958
schrieb Brunhilde in einer Erklärung für das Sozialamt
zur Unterstützung für einen Antrag auf Witwen- und
Waisenrente folgendes:

*Einige Zeit nach meinem zweiten Besuch in Ueckermünde*
*wurde mein Verlobter aufgefordert, zu dem Leiter des*
*Arbeitshauses nach Ueckermünde zu kommen. Ich fuhr*
*mit ihm zusammen hin und war bei der Unterredung zwi-*
*schen dem Leiter des Arbeitshauses und meinem Verlob-*
*ten zugegen. Bei dieser Unterhaltung handelte es sich dar-*
*um, daß mein Verlobter mich bei einem früheren Besuch*
*als seine Verlobte vorgestellt hatte, obwohl wir damals*
*noch nicht verlobt waren und daß er angeblich eine*
*Wachtmeisterin, die bei dem früheren Besuch als Auf-*
*sichtsperson zugegen war, mit einer Zigarette bestochen*
*hätte. [Es ist nicht ganz klar, was der Zweck der Beste-*

*chung gewesen sein sollte.] Als mein Verlobter und ich
nach Beendigung der Unterredung fortgingen, trafen wir
im Erdgeschoß die Wachtmeisterin, die bei dem früheren
Besuch zugegen gewesen war und tatsächlich von meinem Verlobten eine Zigarette angenommen und sofort
geraucht hatte. Sie erzählte meinem Verlobten in meiner
Gegenwart, daß sie durch Frau Wailke Unannehmlich-
keiten gehabt habe, weil sie die Zigarette angenommen
hatte und mit einer Strafversetzung rechnen müsse. Sie
erzählte weiter, daß Frau Wailke im Arbeitshaus angegeben habe, mein Verlobter sei gar nicht ihr rechter Sohn,
sondern ihr Adoptivsohn und außerdem Halbjude. ...*

Hilmar und Brunhilde konnten nur hoffen, daß dies niemand ernst nahm. Sie kannten ein paar Leute in ähnlichen Situationen, doch niemand konnte ihnen einen Rat
geben. Brunhilde erinnerte sich an Ulli Genuhn, dessen
Mutter Jüdin war und der auch als »unwürdig« befunden wurde, in der Wehrmacht »zu dienen«. Das letzte
Mal, als sie ihn auf der Straße traf, war im September
1944. Sie wollte mit ihm reden, doch er sagte nein, es
wäre für beide besser, nicht zusammen gesehen zu werden, und rannte weg. Sie kannten auch Günter Knoof,
der »Dreivierteljude« war. Er war ebenfalls nicht in der
Wehrmacht und mehrere Male inhaftiert gewesen. Sie
hatten keinen Kontakt zum Rest der Jüdischen Gemeinde.
Einer, der Brunhilde später in ihrer schwersten Zeit sehr
geholfen hat, war Herr Fernbach-Fahrensbach, einer ihrer Kollegen aus dem Buchladen und selbst »Mischling«.
Bei einer Gelegenheit nahm ihn die Gestapo fest, und er
wurde für drei Monate ins Gefängnis geschickt. Brunhilde sprach in tiefer Dankbarkeit von ihm.

Bald nachdem sie sich kennengelernt hatten, sagte Hilmar zu Brunhilde, daß es unverantwortlich von ihm wäre, sie weiterhin zu treffen und in Gefahr zu bringen. Sie sollten sich trennen. Sie weigerte sich. »Unsinn«, sagte sie. »Überlaß die Entscheidung mir.« Bei einer Gelegenheit beschlossen sie jedoch: Sollte jemals die Zeit für sie kommen, sich zu trennen, würden sie dies mit einer entsprechenden Zeremonie tun. Sie gebrauchte das Wort »feierlich«.

Anfang Juni 1942 lud Hilmar Brunhilde in ein Kabarett ein. Sie bemerkte sofort, daß ihm etwas Sorgen bereitete. Sein Benehmen hatte etwas *Feierliches*. Er erzählte ihr, daß er zu einem Entschluß gekommen sei. Es sei die Zeit für sie gekommen, die Beziehung zu beenden.

Ein Musiker bemerkte die Spannung zwischen ihnen. Er kam zum Tisch und fragte sie, ob er irgendein bestimmtes Stück für sie spielen sollte.

Sie sagte: »Wie wäre es mit ›Liebling, was wird nun aus uns werden?‹«

Die Kapelle begann zu spielen.

Hilmar eilte aus dem Raum. Als er zurückkehrte, flüsterte er ihr zu: »Liebling, du machst es mir unmöglich.«

»Gut«, entgegnete sie bestimmt.

Am 7. Juni verlobten sie sich. Neun Monate später, am 28. März 1943, wurde ihr Sohn Klaus-Dieter geboren.

## Hanns Arens

*Es gibt keine wichtigere Lebens-Regel in der Welt, als die:
halte dich so viel du kannst, zu Leuten, die geschickter sind
als du, aber doch nicht so sehr unterschieden sind, daß du
sie nicht begreifst. ...*

Georg Christoph Lichtenberg (1742 – 1799)[1]

ODETTE HEIRATETE HANNS ARENS, den sie im Vorzimmer von Generalflugzeugmeister Ernst Udets Büro kennengelernt hatte am 19. Januar 1939 im Rathaus von
Berlin-Lichterfelde.

Ich weiß nicht, ob Udet bei der Feier dabei war. Aber SS-
Sturmbannführer Hans Hinkel war Trauzeuge.[2] Als
»Reichskulturwalter« in Joseph Goebbels »Ministerium
für Volksaufklärung und Propaganda« war Hinkel seit
1933 Kontrolleur des jüdischen Kulturlebens und damit
beschäftigt, die Bereiche Kunst und Kultur in Deutschland von Juden zu »säubern«.[3] Bereits 1933 war er so
einflußreich, daß ihn ein aktiver Nazi *de facto* Kultusmi-
nister von Preußen nannte.[4]

Hanns Arens war ein ambitionierter, 38 Jahre alter freier
Schriftsteller, Herausgeber und Buchhändler sowie Vater
eines acht Jahre alten Mädchens aus einer früheren Ehe.
Er und Odette waren bis zu seinem Tod 1983 44 Jahre
lang glücklich verheiratet. Es ist nicht schwer zu erraten,
was die Baronin über ihn dachte.

1937 verfaßte er einen Lebenslauf:

*Ich wurde am 18. April 1901 in Schwabstedt, bei Schles-
wig geboren. In Hemdorf (Holstein) besuchte ich die
Volksschule. Nach meiner Konfirmation, 1916, trat ich
als Lehrling in die Herold'sche Buchhandlung in Hamburg ein. Die Lehrzeit dauerte 2 1/2 Jahre. Hierauf ging
ich als Gehilfe in die Buchhandlung Niemeyer, Hamburg,
anschließend in die Verlage Richard Hermes und Konrad
Hanf, um den Verlagsbuchhandel von Grund auf kennenzulernen. Nach diesen Stellen erfolgte der Wechsel
nach Bremen in die Buchhandlung Röpke & Co., wo ich
die Stelle des ersten Gehilfen nach wenigen Monaten ein-
nahm. Ein günstiges Angebot der G.A. von Helm AG,*

*gleichfalls in Bremen, veranlaßte einen abermaligen Stel-
lenwechsel. Ich nahm die Position um so lieber, da mir
hier mehr Gelegenheit geboten wurde, meine persönlichen Neigungen besser zu verwerten. Ich leitete selbstän-
dig die beiden Buchhandlungen dieser Firma und konnte
mich nebenher in vielfacher Form in der Werbung für
den Exportbuchhandel beschäftigen. Seitdem ging meine
besondere Arbeit mehr und mehr zur Seite der produkti-
ven Propaganda, da ich hier meine Hauptstärke erkannte. Es versteht sich, daß ich literarisch und geistig sehr
interessiert war, wovon meine schriftstellerischen Arbeiten zur Genüge Beweis ablegen.*[5]

Dann listete er weitere Tätigkeiten im Buchgeschäft auf,
betonte seine Arbeit in Leipzig als Werbeleiter für Anton
Kippenberg, dem Verleger des Insel-Verlags. Im Juni 1931
eröffnete er seinen eigenen Laden in Köln, den er bereits
1932 wieder aufgab. »Die Gründe hierfür sind privater
Natur, über die ich gerne Auskunft gebe.« Er war danach
bis Mai 1934 arbeitslos, als er Leiter für Werbung und
Öffentlichkeit im (erst kürzlich »arisierten«) Ullstein Verlag in Berlin wurde. Er sei Lutheraner und »Arier«, schloß
er seinen Lebenslauf ab.

Als er Odette kennenlernte, verdiente er einen bescheide-
nen, um nicht zu sagen ungesicherten Lebensunterhalt
mit Hörspielen, Drehbüchern und gelegentlichen Artikeln
für den *Völkischen Beobachter*, der führenden nationalsozialistischen Tageszeitung, und für Publikationen wie
*NS-Mädchen-Erziehung*, einer Zeitschrift, die sich der nationalsozialistischen Erziehung widmete. Er besaß ein besonderes Interesse an der Fliegerei – daher die Bekannt-
schaft mit Ernst Udet – und war mit einer Reihe von bedeutenden Schriftstellern, unter anderem Karl Heinrich

Waggerl, befreundet.* Er war der NSDAP erst 1937 beigetreten.

Hans Hinkel, Trauzeuge bei der Hochzeit, war schon 1921
in die NSDAP eingetreten, zum mythischen Beginn der
Bewegung, vier Jahre vor Goebbels, und hatte die un-
glaublich niedrige Parteinummer 287. Außerdem war er
Veteran des Bürgerbräuputsches vom 8. November 1923
in München, dem heiligsten der Initiationsriten der Nazis.

Obwohl er einen mächtigen Freund hatte, brauchte Hanns
Arens noch eine gesellige Frau, die sein Leben in die Hand
nahm. Er hatte guten Grund, in der tückischen Welt der
Nazikultur besonders vorsichtig zu sein: Denn Hanns
Arens hatte einen gefährlichen »Makel«.

1932, kurz bevor die Nazis an die Macht kamen und gerade noch vor der Bücherverbrennung am 10. Mai 1933,
veröffentlichte er ein begeistertes Buch über den berühmten österreichischen jüdischen Schriftsteller Stefan Zweig.
Vielleicht war dieses Buch die private Angelegenheit, die
er mit einem potentiellen zukünftigen Arbeitgeber mündlich erörtern wollte, vorausgesetzt daß er ihm trauen und
erklären konnte, weshalb er seine eigene Buchhandlung
in Köln aufgegeben hatte. Vielleicht war er zu der Erkennt-
nis gekommen, daß er nicht gleichzeitig ein Geschäft führen und ein Buch schreiben konnte. (Nach dem Krieg gab
er ein zweites, mit einer Einleitung versehenes Buch über
Stefan Zweig heraus[6], der 1942 in Brasilien Selbstmord
begangen hatte. Er widmete dieses Buch dem Goethe-Bio-

----

* Karl Heinrich Waggerl (1897 – 1973), konservativer österreichi-
scher Dichter und Romancier, konzentrierte sich auf ländliche Themen. Obgleich er »unpolitisch« bleiben wollte, wurde er 1938 Mitglied der NSDAP und begrüßte begeistert den »Anschluß«.

graphen Richard Friedenthal, der vor dem Krieg nach England emigriert war und zu dem Buch den Text seiner Rede
beitrug, die er im Juni 1948 an der Universität von Berlin
über »Stefan Zweig und humanitäres Denken« gehalten
hatte.)

Es ist kaum vorstellbar, daß Hans Hinkel nichts von
Hanns Arens' »Makel« wußte. Aber er hat diesen Makel
wahrscheinlich als Folge einer »Kinderkrankheit« betrach-
tet, die nicht allzu ernst genommen werden sollte. Er kam
vielleicht auch zu dem Schluß, daß dieses Wissen bei Bedarf nützlich wäre, um es als Waffe in der Hinterhand zu
haben, die gegen Arens benutzt werden könnte. Im allgemeinen scheint es, daß Hanns Arens' Reiz für Hinkel in
erster Linie darin bestand, daß er ihm nützlich sein konnte.
Abgesehen davon mochten sie sich vielleicht persönlich.

Hans Hinkels Haltung gegenüber der »Judenfrage« war
sehr eigenartig. Während er den Juden allgemein als »den
ewigen Parasiten und heimatlosen Meister der Lügen«
ansah, bewunderte er die Lebendigkeit der deutsch-jüdischen Gemeinde und respektierte einzelne Mitglieder.
Während des Krieges heiratete Hinkel eine Frau, die aus
irgendeinem Grund im Konzentrationslager gewesen war.
Goebbels vertraute ihm niemals völlig. Er bemerkte in
seinen *Tagebüchern*, daß Hinkel persönlich nicht glaub-
würdig und »ein geborener Intrigant und Lügner« sei.

Was auch immer Goebbels von ihm hielt, Hinkel widmete seine Energie in den dreißiger Jahren der Lösung der
»Judenfrage« im Kulturbereich, indem er Juden, »Mischlinge« und Personen, die mit Juden in Beziehung standen
(»Versippte«), wirksam daran hinderte, an öffentlichen
Ereignissen teilzunehmen, und sie zwang, ihre Aktivitäten auf die Jüdische Gemeinde zu beschränken.

*Der SD (Sicherheitsdienst) der SS [in der Hinkel ein ho-*
*her Beamter war] bevorzugte die Ghettoisierung des jü-*
*dischen kulturell-intellektuellen Lebens und glaubte, es*
*würde den Optimismus der Assimilation unter den Ju-*
*den entmutigen und dadurch die Emigration befördern.*[7]

Hanns Arens und Stefan Zweig trafen sich zum ersten
Mal 1920 in Bremen, wo Zweig eine Lesung hielt. Arens
schreibt:

*Zwei unvergeßliche Stunden! Ich war neunzehn Jahre alt*
*und verehrte den Dichter mit der ganzen Leidenschaft*
*meines jungen Herzens. Es gab keine gedruckte Zeile, die*
*ich nicht gelesen hatte. Einige seiner Gedichte kannte ich*
*auswendig. Damals war gerade der erste Band seiner li-*
*terarischen Porträts »Drei Meister« erschienen, den er*
*mir mit einer herzlichen Widmung schenkte.*[8]

Zweig muß von dem engagierten und intelligenten jungen Mann beeindruckt gewesen sein. Sie verbrachten zwei
gemeinsame Stunden im Hotel Hillmanns. Im folgenden
Jahr lud Zweig ihn für eine Woche ins Hotel Stein nach
Salzburg ein, unweit von Zweigs Haus. An den Abenden
trafen sie sich im Café, um zu reden. Gemeinsam besuchten sie Carl Zuckmayer, der mehr als zwanzig Jahre später *Des Teufels General* schrieb.

*Zweig war, wie man weiß, ein Förderer der jungen Dich-*
*ter. Ich entsinne mich eines Besuches bei ihm im Jahre*
*1930. Im Insel-Verlag war gerade der Roman »Brot« von*
*Karl Heinrich Waggerl erschienen, von dem ich erzählte.*
*Zweig, der im Buch nur geblättert hatte, war sehr inter-*
*essiert, Waggerl kennenzulernen, und schlug vor, ihn in*

*seinem Dorf Wagrain – eine Autostunde von Salzburg*
*entfernt – zu besuchen. Ich sehe noch heute Waggerls über-*
*raschtes Gesicht, als ich ihm Zweig vorstellte. Er konnte*
*es kaum fassen, daß der berühmte Dichter zu ihm kam.*
*Nach einem Spaziergang und einem Besuch der Grab-*
*stätte Mohrs, des Dichters von »Stille Nacht, heilige*
*Nacht«, auf dem Wagrainer Friedhof, aßen wir zusam-*
*men in einem der alten, baufälligen Gasthäuser, die Zweig*
*besonders liebte. Es war ein gutes Gespräch, das vor al-*
*lem Waggerl sehr bewegte, denn Zweig war der erste Dich-*
*ter, den Waggerl, der hier fernab vom literarischen Be-*
*trieb lebte, kennenlernte.*[9]

Im Sommer 1931 lud Zweig Hanns Arens ein, mit ihm
eine Woche in Paris zu verbringen, wo Arens noch nie
zuvor gewesen war. Am Tage wanderte Arens glücklich
durch die Straßen, während Zweig in der Nationalbiblio-
thek arbeitete. Die Abende verbrachten sie gemeinsam.
Zweig hatte jeden Museumsbesuch für ihn sorgfältig geplant.
Zum letzten Mal trafen sie sich im Sommer 1933 in Salzburg.

*Die politische Entwicklung in Deutschland, die ihn in*
*seinem tiefsten Inneren erschütterte, veranlaßte ihn schon*
*damals, Österreich zu verlassen und damit auch das Haus*
*in Salzburg, das für ihn mehr war als nur ein Heim. Mit*
*dem Jahre 1933 begann sein »heimatloses Wandern von*
*einem Land zum anderen«.*
*Dann und wann erhielt ich eine Karte von ihm, die letzte*
*1935 aus England. Ich hatte ihm von Schweden aus nach*
*Bath geschrieben. In der Antwort an meine schwedische*
*Ferienadresse mahnte er mich, der dunklen Mächte zu*

*gedenken, denen wir jetzt in Deutschland ausgesetzt seien. Es war sein letzter Gruß an mich.*[10]

1932 veröffentlichte Arens sein erstes Buch über Zweig. Im Januar 1933 kam Hitler an die Macht. Im Februar hielt Arens eine Rede auf der Jahresversammlung des den Nationalsozialisten angeschlossenen »Kampfbundes für deutsche Kultur« in Freiburg. Das Thema: »Die Befreiung der Jugend.« Er sprach dramatisch vom Leiden und der Verzweiflung, die »wir jungen Menschen« (Hanns Arens war 38) in den letzten Jahren zu erdulden hatten.

*Gebt dieser Jugend ein wenig Zeit, habt Geduld: eine Jugend, die den tausendfältigen Schlägen dieser Zeit standgehalten hat, diese Jugend wird einem besseren Tag entgegengehen. Es werden keine lauten Feste gefeiert, kein schrilles Getöse beginnen, nein, ein Tag der Befreiung des Geistes, ein Tag, an dem die volle Lebenslust der Jugend wieder ausstrahlt zu neuem Tun: der Tag der neuen Lebensergreifung durch das köstlichste dieser Erde: durch ihre Jugend! Und wenn wir, die Jugend, jetzt die schweren Jahre, die vor uns liegen, gehen, so wollen wir immer an unsere Kinder denken; ihnen wollen wir ein besseres Deutschland vorbereiten. Sie sollen später nicht von uns sagen dürfen, daß wir eine Generation waren, die an Knochenerweichung litt!*
*Wenn wir Jungen, jeder auf seinem Posten, daran gehen, unsere Berechtigung zu erkämpfen, so soll uns dabei ein Kamerad der Jugend, soll uns Schlageter als leuchtendes Vorbild dienen. Schlageter, der sein junges Leben bewußt dem schönen Dichterwort von Heinrich Lersch unterstellte: »Deutschland muß leben, und wenn wir sterben müssen!«* [11]

Am 27. Juni 1933 schickte Hanns Arens eine Kopie seiner Rede mit einem Begleitbrief an Hans Hinkel, ebenfalls Mitglied im »Kampfbund« und Herausgeber der
*Deutschen Kulturwacht.* Sie hatten sich bis dahin nicht
kennengelernt.

*Ich würde mich sehr freuen, wenn Sie, Herr Staatskom-
missar, zu dem Verfasser Vertrauen gewinnen könnten,
das nötig ist, um eine eventuelle Mitarbeit in Aussicht zu
nehmen.*[12]

Dann faßte er seine Laufbahn zusammen und wies eindrucksvolle Referenzen vor, unter ihnen eine von Anton
Kippenberg, dem Verleger des Insel-Verlags, einem »bei-
spielhaften Nationalisten«. (Nach dem Krieg nahm Hanns
Arens in sein zweites Zweig-Buch Kippenbergs liebevolle
Korrespondenz mit Zweig auf.) Er erwähnte auch, daß
er aufgrund der »Ungunst der Zeit« seit zwei Jahren arbeitslos sei. Er wäre jedoch nur bereit für Hinkel zu arbeiten, wenn ihn seine Rede und seine Referenzen davon
überzeugten, daß er sich nicht aus opportunistischen
Gründen an ihn wende.
Hinkel antwortete sofort, daß er sich freuen würde *Die
Befreiung der Jugend* in der *Deutschen Kulturwacht* veröffentlichen zu können. Hanns Arens war entzückt. Am
3. Juli 1933 schrieb er zurück und informierte Hinkel
darüber, daß die *Breisgauer Zeitung* die Rede ebenfalls
in ihrer Schriftenreihe veröffentlichen wolle. Würde
Hinkel sich bereiterklären, ein Vorwort zu schreiben? Er
fragte auch nach eventuellen Arbeitsmöglichkeiten und
fügte einen Aufsatz bei, den er über Karl Heinrich Waggerl
geschrieben hatte, um seine Nähe zu bodenständiger Literatur zu demonstrieren. Ebenso legte er den Entwurf

für ein Drehbuch zu Waggerls Roman *Brot* bei, das, wie
er schrieb, zur Zeit Gegenstand von Verhandlungen sei.

*Herr Reichsminister Dr. Goebbels hat seine Anteilnahme*
*von Anfang an gezeigt. Es soll ein nationaler Film wer-*
*den, wie ihn Herr Dr. Goebbels fordert. Sollte er zustan-*
*de kommen, so wird er unserem Führer Adolf Hitler ge-*
*widmet, denn es ist ein Bauernfilm, der sicherlich seine*
*Zustimmung erhalten wird.*[13]

In seiner Antwort willigte Hinkel ein, das Vorwort zu
schreiben. Er sandte ihm seinen letzten Aufsatz *Revoluti-*
*on des Geistes* und teilte ihm mit, er solle daraus nehmen, was immer ihm passend schiene. Unter den Absät-
zen, die Hanns Arens wählte, befand sich auch dieser:

*In zwei Jahrtausenden deutscher Geschichte ist soviel*
*Fremdes bei uns eingeströmt, wurde das eigentlich Deut-*
*sche so überdeckt, daß es oft kaum noch zu erkennen*
*war, und dennoch blieb es lebendig und stark. Nun ist*
*die Möglichkeit zur Bildung einer neuen deutschen Kul-*
*tur durch die Herstellung der politischen Voraussetzun-*
*gen geschaffen worden.*[14]

Dem Vorwort von Hans Hinkel vorangestellt druckte die
*Breisgauer Zeitung* ein Gedicht von Rudolf Binding, ei-
nen glühenden Appell an die deutsche Jugend, dem Ruf
Deutschlands zu folgen.[15] Am 25. Juli 1933 schickte Arens
Hinkel die Veröffentlichung.

*Vielleicht gibt es eine Vakanz als Dramaturg oder beim*
*Rundfunk? Ich glaube, ich schrieb Ihnen, daß ich 15 Jahre*
*lang im Buchgewerbe war und nun in der Welt der Lite-*

*ratur zu Hause bin. Ich bin vollkommen fähig, unabhän-
gig zu denken und zu arbeiten. ... Gibt man mir ein Pferd,
so werde ich es richtig zum Laufen bringen. Sie würden
einen Mann sehr glücklich machen, wenn Sie ihm helfen
würden, wieder zu arbeiten, für das neue Deutsche Reich
zu arbeiten.*[16]

Hinkel war nicht in der Lage, ihm eine Stelle zu besor-
gen, und Arens gelang es nicht, von ihm Unterstützung
für seinen Bauernfilm *Brot* zu erhalten. Rechtzeitig wurde jedoch die Werbeabteilung des Ullstein-Verlages Hanns
Arens' Rettung. Mehr als zwei Jahre, nachdem sie das
erste Mal Briefe gewechselt hatten, am 11. September
1935, schrieb er an Hinkel.

*Ich möchte Ihnen in den nächsten Tagen gerne ein neues
großes Verlagswerk von uns überreichen, nämlich »Der
deutsche Wald«, ein Buch, das Ihnen sicherlich viel Freude machen wird. Ich bitte Sie deshalb freundlichst, mir
... mitteilen zu lassen, wann und wo ich Sie in Ruhe einen Augenblick sprechen kann.*
*Mit herzlichem Gruß, wie immer, und Heil Hitler!*[17]

In den kommenden Jahren gingen sie von der förmlichen
Anrede zum persönlichen Du über. Die Beziehung wurde
so eng, daß Hanns Arens im Dezember 1938 versuchte,
Hans Hinkel in ein Verlagsprojekt einzubeziehen, das von
einer anderen Gönnerin konzipiert wurde, nämlich von
Frau Nestler, der Nichte Hermann Görings. Dies war
zweifellos eine interessante und heikle Voraussetzung, da
jedermann wußte, daß das Verhältnis zwischen Goebbels
und Göring gespannt war.
Im April und Mai 1939 zeigte Hanns Arens berufliches

Interesse an Hinkels Arbeit, die »jüdischen Einflüsse« zu
beseitigen – meines Wissens das einzige Mal. Im April
machte er Hinkel auf ein Lehrbuch über osteuropäische
Juden aufmerksam, das bei der Essener Verlagsanstalt
erschienen war, für die er zu jener Zeit arbeitete. Am 8.
Mai 1939 schrieb er:

*Darf ich mich bei dieser Gelegenheit noch einmal nach
den Judenphotos erkundigen, von denen Du mir kurz vor
Weihnachten erzählt hast? Wenn es Deine Zeit erlaubt,
komme ich gerne einmal bei Dir vorbei. Vielleicht bist
Du so freundlich, mich anrufen zu lassen.*[18]

Am 1. September 1939, dem Tag, an dem die Deutsche
Wehrmacht in Polen einmarschierte, schrieb Hanns Arens
diesen Brief an Hinkel:

*Es ist sicher der nur denkbar ungünstigste Zeitpunkt,
wenn ich mich an Dich wende, mit der Bitte, ein Wort
für mich bei dem neuen Produktionschef der Ufa, Ernst
Leichtenstern, einlegen zu wollen. Ich nehme an, daß Du
Herrn Leichtenstern kennst.*
*Von Freunden hörte ich, daß L. neue Kräfte sucht. Für
mich käme die Propaganda in Betracht und die Drama-
turgie. Meine vielen Bemühungen, neue Arbeit zu finden,
sind bisher alle ergebnislos geblieben. ... Es ist eine schlim-
me Zeit für mich. Bis zum 15. September müßte ich eine
neue Position haben, weil ich sonst kein Geld mehr zum
Leben habe. ...*
*Mit den besten Grüßen und Heil Hitler!*[19]

Es war für Odette an der Zeit, die Sache in die Hand zu
nehmen.

## Suche und Nachforschung

*Was hat er denn erreicht? In eine Kanzlei darf er eintreten, aber es scheint nicht einmal eine Kanzlei, eher ein Vorzimmer der Kanzleien, vielleicht nicht einmal das, vielleicht ein Zimmer, wo alle zurückgehalten werden sollen, die nicht in die wirklichen Kanzleien dürfen. Mit Klamm spricht er, aber ist es Klamm? Ist es nicht eher jemand, der Klamm ein wenig ähnlich ist? Ein Sekretär vielleicht ...*

Franz Kafka, Das Schloß[1]

WÄHREND HANNS ARENS nur vorwärtskommen konnte, indem er seinen »Makel« verbarg, so hing Hilmars Schicksal von seiner Fähigkeit ab, seinen »Makel« völlig zu beseitigen. Er würde nur dann nicht mit dem nächsten Transport nach Polen kommen, wenn er der Polizei beweisen konnte, daß er nur »Mischling« und kein »Volljude« war. Erst im letzten Kriegsjahr wurden auch »Mischlinge« deportiert.

Wer konnte ihm helfen? Die einzigen Dokumente in seinem Besitz waren die Korrespondenz zwischen Frau Wailke und Ketty Rikoff sowie seine Geburtsurkunde.

Hilmar hatte Grund zur Annahme – jedoch keinen Beweis –, daß er sein erstes Lebensjahr in Straßburg verbracht hatte, weil er der Schwester Else Müller in Kehl, auf der deutschen Rheinseite und gegenüber von Straßburg, übergeben worden war. Seit Inkrafttreten der Nürnberger Gesetze, als Frau Wailke herauszufinden versuchte, was sie mit ihm tun sollte, wußte er, daß eine andere soziale Einrichtung den *Mutterschutz* abgelöst hatte.

Falls jemand einen Hinweis auf die Umstände der Empfängnis geben konnte, dann seine Großmutter, Anna Netter, sofern sie noch lebte. Vielleicht wußte die alte Dame mehr, als sie Ketty Rikoff erzählt hatte. Angenommen, das, was 1919 in dem Hotel in Zürich geschehen war, war gar keine Vergewaltigung, sondern eine Liebesnacht gewesen. Hilmar muß vermutet haben, daß die Vergewaltigung nur eine Version der Familie Netter war, um ihr Gesicht zu wahren, und daß Ketty Rikoff daran beteiligt gewesen sein könnte. In diesem Milieu war ein Kind aus Liebe womöglich ein schwererer Schlag für den Ruf einer Frau als eine Vergewaltigung, die ja *per definitionem* keine Zustimmung beinhaltet. Vielleicht dachte er weiter, daß es nicht nur *eine* Liebesnacht, sondern viele Lie-

besnächte gegeben haben könnte – nicht nur in der
Schweiz. In diesem Fall wäre es doch sehr wahrscheinlich, daß Anna Netter den Namen des Liebhabers kannte! Falls sein Vater »Arier« war, war Hilmar gerettet. Wenn
er nur Anna Netter finden könnte, um ihr verständlich
zu machen, daß es in ihrer Macht stand, sein Leben zu
retten.

Ende Mai 1940, zehn Monate bevor er Brunhilde kennenlernte, hatte Hilmar an den Leiter der Polizei in Frankfurt geschrieben, dem Sitz des früheren *Mutterschutz*, um
zu fragen, was sie über Anna Netter wußten. Er müsse
dringend mit ihr Verbindung aufnehmen, um eine Fami-
lienangelegenheit in Ordnung zu bringen. Die Polizei antwortete umgehend, daß Anna Netter Frankfurt am 18.
Februar 1936 verlassen habe und nach Zürich gezogen
sei. (Das war neun Tage nach dem Selbstmord von Emil
Netter. Komischerweise war die Frankfurter Adresse, die
sie ihm gegeben hatten, unsere, das heißt Emil Netters
Adresse, nicht ihre.)

Am 6. Juli schrieb Hilmar an den Polizeichef in Zürich.
Die Antwort: Am 18. Mai 1937 hatte Anna Netter Zürich verlassen und war nach Paris gegangen, Adresse unbekannt. Die Deutschen hatten Paris gerade besetzt, und
Hilmar muß wohl angenommen haben, daß es vergeblich war, sie dort zu finden.

Tatsächlich befand sich Anna Netter 1940 nicht mehr in
Paris, sondern in Genf, wo sie bis zu ihrem Tod, zehn
Jahre später, am 25. März 1950, blieb.

Was wäre wohl passiert, wenn Hilmar sie wirklich aufge-
spürt hätte? Sie war eine harte und verbitterte Frau, er-
schüttert durch den Tod ihrer drei Kinder, die versuchte,
das Entsetzen über Hilmars Geburt sowie den Schmerz
über den Tod seiner Mutter zu unterdrücken. Es ist vor-

stellbar, daß sie sich zuerst geweigert hätte, mit ihm Verbindung zu haben. Doch kann ich mir nicht vorstellen, daß sie sich nicht hätte erweichen lassen, wenn sie erst die Lage ihres Enkels begriffen hätte.

Aber hätten sie sich überhaupt treffen können, wenn sie es gewollt hätten? Selbst wenn Hilmar einen deutschen Paß gehabt hätte – und das bezweifle ich –, wäre es nicht gefährlich gewesen, sich einer genauen Prüfung durch die Grenzpolizei zu unterziehen? Und Anna Netter hätte bestimmt nicht die Grenze zwischen der Schweiz und Deutschland überschritten, um ihn zu treffen. Nein, ich glaube, die Kommunikation zwischen ihnen hätte sich auf Briefe, Telegramme und bestenfalls Telefongespräche beschränken müssen.

Zwei Jahre vergingen. Am 7. Juni 1942, nach dem Abend in jenem Kabarett, als sie nicht in der Lage waren, sich zu trennen, verlobten sich Hilmar und Brunhilde. Mehrmals zuvor hatten sie versucht, sich zu trennen. Vergeblich. Von da an sprach Brunhilde von Hilmar als von ihrem Verlobten, obgleich eine Heirat ohne »Arierausweis« nicht in Frage kam.

Dennoch machten sie Flitterwochen, um ihre Verlobung zu feiern. Zuerst fuhren sie nach Berlin, wo sie die »Reichsstelle für Sippenforschung« aufsuchten und wie gewöhnlich höflich empfangen wurden. Dann suchten sie nach Spuren der Familie Netter in Straßburg. Sie mußten sehr diskret sein, da es sehr gefährlich gewesen wäre, die Reste jüdischer Institutionen um Rat zu fragen.

Sie fanden nichts heraus, was hilfreich gewesen wäre. Im Juni, nach einer Rheinschiffahrt von Koblenz nach Mainz, fuhren sie zum *Mutterschutz* in Frankfurt. Sie wußten, daß er nicht mehr existierte, doch dachten sie, daß dort vielleicht jemand wäre, der ihnen einen Hinweis geben könnte. Brunhilde ging hinein, während Hilmar draußen wartete. Sie glaubte, es wäre zu gefährlich für ihn, gesehen zu werden, da sie nicht sicher waren, ob der *Mutterschutz* eine jüdische Organisation gewesen war. Dort traf sie auf eine Frau, die seit zwei oder drei Jahren unter dieser Adresse wohnte, aber noch nie etwas von der Einrichtung gehört hatte.

Ich vergaß, Brunhilde zu fragen, ob sie auch versuchten, Ketty Rikoff zu finden, als sie in Frankfurt waren. Sie hätte ihnen schließlich noch nützlicher sein können als Anna Netter. Es hätte ihr zweifellos viel bedeutet, Hilmar zu treffen, in dessen jungen Jahren sie so eine zentrale Rolle gespielt hatte. Falls sie versucht hätten, sie zu finden, hätten sie wahrscheinlich erfahren, daß sie wenige Wochen zuvor Selbstmord begangen hatte, um ihre Deportation in ein Konzentrationslager zu verhindern.

# Der Salon

*Bei der Lebensmittelversorgung in den vom Deutschen Reich besetzten Gebieten Europas kam es bisweilen zu kuriosen Auswüchsen. So war zwar Fisch entweder gar nicht erhältlich oder streng rationiert, da die Hochseefischerei zum Erliegen gekommen war; an den Küsten gefischte Schalentiere hingegen, einschließlich begehrter Delikatessen wie Hummer und Austern, waren bis zur Landung der Alliierten im Jahre 1944 reichlich zu haben. Ähnlich verhielt es sich auch mit Getränken: wohlschmeckendes, gehaltvolles Bier war selbst in Deutschland bald nicht mehr erhältlich, während französische Weine und Champagner – obwohl in Frankreich selbst rationiert – in Deutschland in Strömen flossen.*

Marie Wassiltschikow, *Die Berliner Tagebücher der* »Missie« *Wassiltschikow 1940 – 1945*[1]

*Berlin 1941: Odette (ganz links), Hanns Arens (ganz rechts/ Sammlung Peter Flinsch)*

*Odette und Hanns Arens (Sammlung Mia von Maucler)*

Vom 10. Oktober 1939 bis 6. März 1940 – bevor die
Kämpfe begannen – diente Hanns Arens in einem Bau-
bataillon. Soweit ich weiß, zog er bis zum März 1944, als
er dem Stab von Generalmajor Adolf Galland, dem Ober-
befehlshaber des Jagdverbandes der Luftwaffe, beitrat,
keine Uniform mehr an. In der Zwischenzeit war er
Buchhandelsvertreter bei den Truppen und ab Anfang
1943 Verleger unter eigenem Namen. Dank seiner Beziehungen konnte er viel Zeit zu Hause in der Landgrafenstraße 3, nicht weit vom Kurfürstendamm, in seiner und
Odettes großen Fin-de-siècle-Wohnung verbringen und
dort arbeiten. Sie hatte hohe, ineinander übergehende
Räume (*en suite* war der in Berlin verwendete Ausdruck
für diese Anordnung) und war ideal für Gesellschaften.
Ich wüßte nicht, auf welch spektakuläre und ihr eigene
Weise Odette die Karriere ihre Mannes zu Kriegsbeginn
vorantrieb, hätte mir ihr Freund Peter Flinsch nicht davon erzählt, als wir in Montreal zu Mittag aßen.
1940 war Peter Flinsch Hauptfeldwebel der Flakartillerie.
Er hatte 1938 die Oberschule in Leipzig abgeschlossen
und wollte Architektur studieren. Um zu verhindern, daß
der Militärdienst sein Studium unterbrach, meldete er sich
freiwillig für die Flak der Luftwaffenabwehr. Es war keine sehr aufregende Aufgabe, bevor die schweren Luftan-
griffe begannen, doch aufregend waren die Abende, die
er auf Odettes Festen verbrachte. Natürlich blieb er immer in Kontakt zu seiner Einheit im Falle eines Flieger-
alarms.
»Tout Berlin war da«, erinnerte sich Peter Flinsch. »Die
ganze Nazi-Bohème – Schriftsteller, Verleger, Leute vom
Film, Künstler, die bessere Gesellschaft, Diplomaten, Par-
teibonzen der Regierung, Schauspieler und Schauspiele-
rinnen, SS-Leute in Zivil – niemand trug dort jemals Uni-

form. Ich erinnere mich, daß Lale Andersen zu ihren
Freunden gehörte und oft dort war. Sie war durch das
Lied *Lili Marleen* berühmt geworden.«
»Wie haben Sie Odette kennengelernt?«
»Eines Tages nahmen mich Freunde mit zu einem ihrer
Feste. Ich erinnere mich, daß ich einmal zu Weihnachten
für ihren kleinen Axel, einen entzückenden, schrecklich
verwöhnten Jungen, den Weihnachtsmann spielen mußte. Ich glaube, er wurde später Rennfahrer, doch bin ich
mir nicht sicher. Odette und ich erfanden für jeden Gast
lustige Verse, die diese zusammen mit albernen Kinker-
litzchen, sogenannten Witzgeschenken, zu hören bekamen. Sie war in ihrem Element, eine charmante Gastgeberin, nicht im herkömmlichen Sinne hübsch, doch ungemein attraktiv. Ein wenig französisch, dachte ich immer, vielleicht wegen ihres Namens. Sie stand sehr stark
im Mittelpunkt. Ich habe ihren Mädchennamen vergessen, von Maubert oder so ähnlich.«
»Von Maucler.«
»Oh ja, das ist es. Alter Adel, erinnere ich mich. Hugenotten oder so.«
»Wie viele Leute waren gewöhnlich dort?«
»Unterschiedlich. Über dreißig oder vierzig würde ich
sagen. Ich erinnere mich an Gesellschaften bei Tag, zum
Tee. Diplomaten der schweizerischen und schwedischen
Botschaften waren besonders willkommen, weil sie ame-
rikanische Jazzschallplatten mitbrachten. Und englische
Zigaretten. Ich erinnere mich, daß wir oft die *Dreigro-
schenoper* – damals streng verboten – spielten. Wir kann-
ten alle Lieder auswendig.«
Man kann sich die Gespräche vorstellen, während die
Gäste Hummer und Austern aßen und französischen
Champagner schlürften. Als Marie Wassiltschikow als Se-

kretärin im Außenministerium arbeitete, besuchte sie viele
solcher Feste. Sie war die Tochter von Prinz Illarion und
Prinzessin Lydia Wassiltschikow, die 1919 aus Rußland
geflohen waren. Sie schrieb in ihr Tagebuch Bruchstücke
von Gesprächen nieder, nachdem Hitlers Stellvertreter
Rudolf Heß im Mai 1941 aus Gründen, die niemand verstehen konnte, nach England geflogen war. Die offizielle
Erklärung war, daß Heß geistig labil sei.

*Sonntag, 18. Mai: Die Berliner, deren Witz berühmt ist,
haben längst begonnen, komische Geschichten über die
Flucht von Heß in die Welt zu setzen. Zum Beispiel:*
*»Augsburg (von wo er abflog): Stadt des deutschen Auf-
stiegs.«*
*»BBC: ›Weitere Einflüge von deutschen Staatsministern
fanden in der Nacht zum Sonntag nicht mehr statt.‹«*
*»OKW-Bericht: ›Göring und Goebbels sind noch fest in
deutscher Hand.‹«*
*»Das tausendjährige Reich ist nun ein hundertjähriges
geworden; eine Null ist weg.«*
*»Det unsere Regierung verrückt ist, det wissen wir schon
lange, aber det se det zugibt, det is neu.«*
*»Churchill fragt Heß: ›Sie sind also der Verrückte?‹ –
›Nein, nur der Stellvertreter.‹«*[2]

Das, so stelle ich mir vor, muß der Ton in Odettes Salon
gewesen sein. Einige dieser Witze mögen sogar innerhalb
der Hörweite von Hans Hinkel, dem überzeugten Nazi,
gefallen sein, der es sich nur begrenzt leisten konnte, Re-
spektlosigkeit zu tolerieren.
Doch zurück zu Peter Flinschs Bericht.
»Ich habe Odettes Mann nie sehr gemocht. Ich war immer der Meinung, daß er wie ein Fuchs aussah. Doch wie

ich höre, war er ein geschickter Verleger. Vielleicht half
ihm sein mächtiger Freund, Hans Hinkel. Hinkel war
immer da. Ein widerwärtiger Mensch. Er soll sehr eng
mit Goebbels gewesen sein. Er brachte immer eine hübsche Schauspielerin mit. Goebbels soll ihn einmal rausge-
worfen haben, da er glaubte, ältere Rechte an der Dame
zu haben.«

»Haben Sie Goebbels jemals dort gesehen?

»Nein, aber ich sah Odettes Mutter.«

»Wie gut erinnern Sie sich an sie?«

»Um ehrlich zu sein, erinnere ich mich ganz gut an sie.
Sie sah aus wie Queen Mary.«

»Erzählen Sie mir mehr davon.«

»Sie hatte eine dieser hochgesteckten Frisuren, wissen Sie.
Ich glaube, sie trug auch hochgeschlossene Kragen. Aber
da bin ich mir nicht so sicher.«

»Haben Sie mit ihr geredet.«

»Wir küßten alle ihre Hand. Sie sagte niemals ein Wort.
Aber sie verlieh solchen Gelegenheiten eine gewisse Klasse.«

## Sagen Sie, ist diese Frau verrückt?

*Phädra: Ach ich bin*
*Von Sinnen – Was hab' ich gesagt? – Oenone –*
*Ich weiß nicht, was ich wünsche, was ich sage;*
*Ein Gott hat die Besinnung mir geraubt –*

Jean Racine, *Phädra*, 1. Akt, 3. Szene[1]

IRGENDWANN 1942 HOLTE HILMAR Frau Wailke aus dem
Arbeitshaus in Ueckermünde ab. Zuvor hatte sie dem
Leiter erzählt, daß Hilmar nicht ihr leiblicher Sohn und
ein »Mischling« sei. Später erzählte sie, daß nicht Hilmar, sondern *Horstelchen* sie abgeholt hätte.

Eine Woche vor Klaus-Dieters Geburt, am 28. März 1943,
hatte Hilmar eine erregte Debatte mit Frau Wailke, die
häufig (wie Brunhilde es unmißverständlich ausdrückte)
»Sachen stahl«. Dieses Mal hatte sie einige von Brunhildes »Zusatzkarten« (zusätzliche Lebensmittelkarten für
schwangere Frauen) an sich genommen. Er forderte sie
zur Rückgabe auf. Noch schäumend vor Wut ging Frau
Wailke zum Hauptquartier der Wehrmacht, um zu fragen, wieso Hilmar immer noch nicht einberufen worden
war. Zu dieser Zeit war Horst bereits in der Wehrmacht.
Sie gebrauchte das beleidigende Wort *Lümmel*, wenn sie
Hilmar meinte. Was immer sie für eine Antwort bekam,
sie muß sie als unbefriedigend angesehen haben. Einen
Tag nachdem Klaus-Dieter geboren wurde, besuchte Frau
Wailke Brunhilde im Krankenhaus und erzählte ihr, daß
sie, da man Hilmar offenbar nicht einberufen wollte, zu
einem anderen Amt gehen würde, wo man sicherstellen
würde, daß er nach Polen geschickt wurde. Er würde nie
wieder einen Fuß auf deutschen Boden setzen.

In einem offiziellen Brief vom 15. Januar 1958 zur Unter-
mauerung eines Antrags auf Witwen- und Waisenrente,
aus dem ich bereits früher zitiert habe, äußerte sich Brunhilde folgendermaßen:

*Ich war über diesen Ausbruch von Haß derartig entsetzt,*
*daß ich nicht sagen kann, was ich darauf geantwortet*
*habe. Auch war ich wegen der kürzlich erst überstande-*
*nen Geburt gar nicht in der Lage, mich gegen eine solche*

*Angabe zu wehren. Ich erzählte am nächsten Tag mei-*
*nem Verlobten, als dieser mich aufsuchte, von dem Vor-*
*fall und bat ihn, sofort zu seiner Adoptivmutter zu gehen*
*und sie zu veranlassen, von den angedrohten Maßnah-*
*men abzulassen.*

Wußte Frau Wailke, was sie sagte? Es war März 1943,
als die Krematorien in Polen längst in Hochbetrieb waren. Vielleicht hatte sie gehört, was mit den Juden geschah.
In diesem Fall redete sie mit gezielter Böswilligkeit und
bat um die Ermordung ihres ungeliebten Adoptivsohnes,
von dem sie meinte, daß er zwischen ihr und ihrem *Horst-*
*elchen* stand, den sie so innig liebte. Doch die Böswilligkeit mag auch weniger zielgerichtet gewesen sein. Vielleicht wußte sie nichts Bestimmtes über die Mord-
methoden der Nazis und hatte nur den Verdacht (wie jeder andere, der nur einen Augenblick darüber nachdach-
te), daß den Leuten, die deportiert wurden, schreckliche
Dinge bevorstanden. Vielleicht zog sie es wie viele andere
vor, nicht zu viele Fragen zu stellen, da sie ihre eigenen
Probleme hatte und lieber keine Details wissen wollte. In
diesem Fall versuchte sie nur, Hilmar irgendwie aus dem
Weg zu räumen, für immer. Die Redewendung, daß er
*niemals wieder einen Fuß auf deutschen Boden setzen*
*würde,* mag nur eine ahnungsvolle Vermutung gewesen
sein.
Gudrun, die nur vage Erinnerungen an Frau Wailke hat,
hält sie für böse. Als ich sie fragte: »Meinst du wie die
Hexe in *Hänsel und Gretel?*«, entgegnete sie: »Oh, nein,
für die kann ich ja noch Verständnis aufbringen.«

Als Frau Wailke im März 1939, sechs Monate vor Kriegs-
ausbruch, zur Partei ging, weil sie vermutete, daß ihr

Hilmar Jude sei, hatte der systematische Mord an den Juden noch nicht begonnen. Deshalb kann sie noch nicht daran gedacht haben, ihn, der »so unverschämt und trotzig« war, für endgültig loszuwerden. Sie war in Panik und suchte verzweifelt nach einem Mittel, Horst vor dem Jugendamt zu schützen, das ihn ihr wegzunehmen drohte, da er bei keiner Arbeitsstelle blieb. Sie nutzte den offiziellen Antisemitismus als Mittel, um ein akutes persönliches Problem zu lösen.

Die Lage im Juni 1943 war völlig anders als im März 1939. Selbst wenn man einräumt, daß Frau Wailke schon immer paranoid war (und ihre Paranoia aufgrund von Drogenmißbrauch, Gefängnis und dem Eingesperrtsein in der Nervenheilanstalt und im Arbeitshaus – ganz zu schweigen vom Krieg und den häufigen Bombenangriffen auf Stettin – schlimmer geworden war), glaube ich, daß der Wandel vom bloßen Fehlverhalten 1939 zum Versuch, Hilmar endgültig loszuwerden, seine Ursache in einer Kombination aus »totalem Krieg« (der die in Friedenszeiten »normale« Rücksicht außer Kraft setzt) und Hitlers Persönlichkeit hatte. Dessen gewaltiger Einfluß auf den Alltag in Deutschland wurde erst erkannt, als er den Krieg ausgelöst und die »Endlösung« befohlen hatte. Doch schon lange vor dem Krieg besaß Hitler grundlegenden Einfluß auf die deutsche Öffentlichkeit. Frau Wailke war keine überzeugte Nationalsozialistin und keine Antisemitin. Dennoch kann sie nicht immun gegenüber der »immensen Neurose« gewesen sein, »die sich durch Osmose auf die Menge überträgt«, wie Primo Levi, der Autor von *Ist das ein Mensch?*, es ausdrückte.

*Denn zwischen dem Deutschland vor Hitler und dem Hitlerdeutschland liegt ein Qualitätssprung. Wenn Sie im*

*Kino oder Fernsehen Hitlers Zwiesprachen mit den Men-*
*schenmassen gesehen haben, dann haben Sie ein großar-*
*tiges Schauspiel miterlebt. Es bildete sich eine stumme*
*Induktion, wie zwischen einer mit Elektrizität aufgelade-*
*nen Wolke und der Erde. Es war ein Hin und Her von*
*zuckenden Blitzen. Hitler antwortete auf die Wirkung,*
*die er selbst ausgelöst hatte.* [2]

Selbst wenn Frau Wailke nicht Teil irgendeiner Hierar-
chie war und keinem Vorgesetzten Gehorsam schuldete,
so müssen die *Blitze* ihr moralisches Schaltsystem ausge-
brannt haben.

Einmal ging Frau Wailke direkt zur Gestapo. Sie bat nach-
zuforschen, ob Hilmar Volljude war.

Der Gestapobeamte fragte Brunhilde später: »Sagen Sie,
ist diese Frau verrückt?«

1943 hatte Frau Wailke Schwierigkeiten mit ihren Beinen. Bei Luftalarm mußte Hilmar sie oft in den Keller
tragen. Später sagte sie, es sei *Horstelchen* auf Wehr-
machtsurlaub gewesen, der sie getragen hatte.

Gegen Ende des Krieges, als Hilmar und Brunhilde immer verzweifelter wurden, statteten sie ihr im Krankenhaus einen Besuch ab.

»Du bist die einzige Person, die mir jetzt noch helfen
kann«, sagte Hilmar zu Frau Wailke.

Sie bekam einen Wutanfall. »Laßt mich allein«, schrie
sie. »Laßt mich allein.«

»Laß uns gehen«, bat Brunhilde. »Deine Mutter hat ein
Herz aus Stein.«

Doch Hilmar wollte Brunhilde nicht glauben. Er liebte
seine Mutter, sagte er, und könne sich nicht vorstellen,
daß sie ihm jemals etwas antun würde.

## Lili Marleen

*In diesem Hotelzimmer klingelt das Telefon, und eine Stimme sagt:* »*Hier Waldleitner. Ich komme sofort, ich habe einen idealen Stoff für Sie: Lili Marleen.*« *Der innere Kompaß schlägt aus in zwei Richtungen:* ›*Vorsicht, das kann ins Auge gehen*‹ *und* ›*interessant, ein magischer Name*‹*. Die Frau, die jeder kennt, und keiner weiß, wer sie ist. Ein Mythos, ein Märchen. Daß es ein Nazi-Märchen wird, war mir nicht gleich bewußt.*

Hanna Schygulla[1]

HANNS ARENS KONNTE Stefan Zweigs Warnung aus dem Jahr 1935, daß »in Deutschland dunkle Mächte entfesselt worden seien«, nicht vergessen haben. Fünf Jahre später sah es ganz danach aus, daß die dunklen Mächte den Krieg gewinnen würden.

Ich versuche, mir Arens' Gemütszustand vorzustellen. Es muß ihm viel Mühe bereitet haben, Zweigs Humanismus mit seinem Werben um Hans Hinkel in Einklang zu bringen. Wie eine beachtliche Zahl von Deutschen, die wußten oder sich leicht vorstellen konnten, was los war, überließ er seiner Ansicht nach zwecklose, selbstmörderische Heldentaten den christlichen und nichtchristlichen Märtyrern; schließlich brachte keine Gesellschaft jemals mehr als eine Handvoll von ihnen hervor. Als die Nazis so erfolgreich waren, dachte er sehr wahrscheinlich, daß es keine unmittelbare Gelegenheit für ihn geben würde, etwas Wirksames gegen sie zu unternehmen. In der Zwischenzeit ermöglichte ihm Hans Hinkels Gönnerschaft, einen Einsatz als Soldat zu vermeiden, während er seinem Land als Leiter eines mobilen Buchladens an der Front diente und seine Frau Odette ihre Rolle als charmante Gastgeberin in Berlins Literatur- und Künstlerkreisen genoß. Die Komplimente, die sie erhielt, wirkten sich angenehm und profitabel für ihn aus. Dies war für ihn eine neue, längst überfällige Erfahrung. Bald sollte er seinen eigenen Verlag mit der Adresse Berlin-Schöneberg, Hauptstraße 7-9, haben.

Es war Odette, die zum ersten Mal die Sängerin, deren Stimme für immer mit dem Lied *Lili Marleen* verknüpft sein sollte, erwähnte: Lale Andersen. Am Abend des 22. November 1943, als große Teile des Berliner Westens zerstört waren, war Odette auf einer Party bei Lale Ander-

sens Manager gewesen. Peter Flinsch erzählte mir, daß er
Andersen in Odettes Salon kennengelernt hatte.

Wie Hanns Arens, der acht Jahre älter war, stammte Lale
Andersen aus Norddeutschland. Eine attraktive Frau, die
ihre Karriere als Schauspielerin begonnen hatte und später als Sängerin ausgebildet worden war. Sie hatte zwei
Kinder mit ihrem Mann, von dem sie getrennt lebte. Während der dreißiger Jahre ging sie in die Schweiz und hatte
ein Engagement am Schauspielhaus Zürich. Während sie
in Zürich war, verliebte sie sich in Rolf Liebermann, den
jüdischen Komponisten und späteren Operndirektor in
Hamburg und Paris.

1934 lud Liebermann sie nach Ascona ein und schlug ihr
sofort die Heirat vor. Doch der Direktor des Züricher
Schauspielhauses, Kurt Hirschfeld, riet ihr, nicht darauf
einzugehen. Früher oder später, so machte er geltend,
würden die Nazis die Schweiz einnehmen. Dann wäre
Andersen als Frau eines Juden in ernster Gefahr.[2]

Lale Andersen haßte Nazideutschland. Doch 1938, als
sie aufgrund persönlicher Schulden aus der Schweiz ausgewiesen wurde, meinte sie, keine andere Wahl zu haben,
als zurückzukehren, um in München und Berlin im Kabarett aufzutreten. Schließlich (das ist aus heutiger Sicht
schwer zu verstehen) mußte sie an ihre Karriere denken,
die erstaunlicherweise bald untrennbar mit dem Lied *Lili
Marleen* verknüpft war. Das Lied wurde so sehr mit ihr
in Verbindung gebracht, daß sie als Untertitel ihrer Autobiographie *Leben mit einem Lied* wählte. [3]

Andersens Autobiographie erschien 1974, zwei Jahre nach
ihrem Tod. Hanns Arens scheint eine bedeutende Rolle
beim Schreiben sowie bei der Veröffentlichung gespielt
zu haben. Seine ehemaligen Kollegen sind beinahe sicher,
daß er der Herausgeber, wenn nicht gar ihr Ghostwriter

war. In jedem Fall hatte er Gelegenheit, ihre Geschichte – die Hauptquelle für dieses Buch – auf eine Weise darzustellen, die ihn selbst so günstig wie möglich erscheinen ließ. Doch gibt es keinen Anlaß, im Wesentlichen an der Richtigkeit der Schilderungen zu zweifeln.

Der Dichter Hans Leip hatte *Lili Marleen* während des Ersten Weltkriegs geschrieben. Eine Generation später schrieb Norbert Schultze, der Kriegslieder für die Nazis komponierte, die Musik dazu.* Der Soldatensender Belgrad hatte diese Schallplatte rein zufällig ausgewählt. Bald wurde sie jede Nacht um 21.57 Uhr, drei Minuten vor den Nachrichten, gespielt, während die Waffen auf beiden Seiten ruhten.[4] Die feine, subversive Assoziation mit der Nazigegnerin Marlene Dietrich, die bittersüße Melancholie des Liedes und die dunkle, samtige und erotische Färbung von Andersens Stimme bewegten die Soldaten der Alliierten ebenso wie die Deutschen und schlugen in einer unerwarteten, einzigarten und außergewöhnlichen Art ein. »Das Grundprinzip dieses Mythos«, schrieb Saul Friedländer in seinem Buch *Kitsch und Tod. Der Widerschein des Nazismus* »ist die elementare Macht des Gefühls, der Sehnsucht nach Frieden und Harmonie, nach Liebe, die stärker ist als der Tod«.[5] Goebbels, der sich völlig darüber im klaren war, daß das Lied kaum geeignet war, die Begeisterung der Soldaten zu schüren, damit sie den Heldentod auf dem Schlachtfeld starben, hielt es für morbide, nannte es eine »Schnulze mit Totentanzgeruch« und verbot später seine Ausstrahlung im Rundfunk.

---

* Zum Beispiel »Bomben gegen Engelland« und »Panzer rollen in Afrika«.

Im März 1942 befand sich Deutschland in einer völlig anderen Situation als in den glorreichen Tagen des Jahres 1940. Die Nazis hatten ihr erklärtes Ziel nicht erreicht, Moskau bis Ende 1941 einzunehmen, und die Amerikaner waren in den Krieg eingetreten. Viele sagten eine Niederlage voraus, die sogar noch verheerender sein sollte als von 1918. Lale Andersen, inzwischen längst berühmt, fand die Zeit reif, etwas zu tun, um das unnötige Sterben von Millionen Menschen zu verhindern. Deshalb versuchte sie, Kontakt zu Gleichgesinnten herzustellen.

Jemand machte sie mit Hanns Arens bekannt, »einem Landsmann von Dir und ein Verehrer von Stefan Zweig«.[6] Hanns Arens lud sie in seine Wohnung in der Landgrafenstraße ein. Sie unternahmen lange Spaziergänge und zogen gemeinsam durch Antiquariate. Das Vertrauen zwischen ihnen wuchs. Plötzlich, wie aus heiterem Himmel, wurde sie von Arens gefragt: »Hätten Sie den Mut, im Widerstand zu arbeiten?«

Später schrieb sie, daß sie keine Ahnung hatte, was er meinte, und es ihm überließ, »meinen sich hin und her neigenden Kopf zustimmend oder ablehnend zu deuten«. Ein paar Abende später nahm Arens sie mit, um sie mit dem Schriftsteller Günther Weisenborn, einem Freund Brechts und Mitglied der Widerstandsgruppe *Rote Kapelle\**, bekannt zu machen. Weisenborns pazifistische Bücher waren 1933 verbrannt worden. Drei Jahre später

---

\* Der Begriff *Rote Kapelle* wurde von der Gestapo geprägt und bezeichnete die überaus rege Funktätigkeit eines über mehrere europäische Länder verbreiteten Netzes von Widerstandskämpfern. In Deutschland war die *Rote Kapelle* durch die Widerstandskreise um Harro Schultze-Boysen und Arvid Harnack vertreten, die zusammenarbeiteten und auch als Harnack/Schultze-Boysen-Organisation bezeichnet wird. Das Ziel der *Roten Kapelle* bestand darin,

ging er nach New York, um als Reporter zu arbeiten, kehrte jedoch bald wieder nach Deutschland zurück, da er überzeugt war, im Inland mehr gegen die Nazis tun zu können als im Ausland. Weisenborn überlebte den Krieg nur, weil ihn seine Inhaftierung, sechs Monate nach seiner Begegnung mit Lale Andersen, vor einer Hinrichtung bewahrte. Später verfaßte er eine Geschichte des Deutschen Widerstands.[7] Es ist erwähnenswert, daß ich weder dort noch in irgendeinem anderen Buch zu diesem Thema den Namen Arens fand. Obgleich Lale Andersens Geschichte dadurch nicht ungültig wird, legt dies doch nahe, daß Arens keine bedeutende Rolle im Widerstand gespielt haben kann. Daß Hanns Arens und Günther Weisenborn sich mochten, ist jedoch durch einen Eintrag in Odettes Gästebuch vom 4. September 1949 belegt:

*Am Ende wieder vereint.*
*Ich hoffe wir trennen uns niemals wieder.*
*Mit Dank und Herzlichkeit,*
*Günther Weisenborn*

---

*Fortsetzung der Anmerkung von S. 151*
die Sowjetunion als eine der ersten und erbittertsten Kriegsgegner Hitlerdeutschlands möglichst früh über Kriegsziele und Waffenstärke der Nazis zu informieren. Die ranghohe Position von Harro Schultze-Boysen im Reichsluftfahrtsministerium sowie Arvid Harnacks Tätigkeit im Reichswirtschaftsministerium, zuletzt als Oberregierungsrat, ermöglichten ihnen den Zugang zu kriegswichtigen Informationen, die sie via Funk an die Sowjets weitergaben. 1942 wurde die Gruppe von der Gestapo zerschlagen. Infolge dessen wurden mehr als hundert Todesurteile gefällt. Günther Weisenborn gehörte dem Kreis um Harro und Libertas Schultze-Boysen an (vgl. Gilles Perrault, *Die Rote Kapelle*, Wien u. Zürich 1990/ Ausstellung und Publikation *Widerstand gegen den Nationalsozialismus* der Gedenkstätte Deutscher Widerstand, Berlin/Regina Griebel u.a., *Erfasst? Das Gestapo-Album zur Roten Kapelle*, Berlin 1992).

Lale Andersen traf Günther Weisenborn in einem Atelier hoch über dem Wittenbergplatz. Er sagte ihr, wie sie helfen könnte. Sie sollte dafür sorgen, daß sie zu einer Reise nach Polen eingeladen würde, auf eine jener Wehrmachtstourneen, die von Zeit zu Zeit durch Goebbels' Propagandaministerium zur Unterhaltung des Heeres organisiert wurden. Dort sollte sie versuchen, Informationen über die Vorgänge in den Ghettos, Konzentrationslagern und unterirdischen Rüstungsbetrieben zu bekommen. Bevor sie Berlin verlassen würde, sollte sie sich mit ihm in Verbindung setzen, um detaillierte Anweisungen zu erhalten.

Lale Andersen setzte sofort einige Hebel in Bewegung und wurde für die nächste Tournee vorgemerkt. Der Leiter der Reise war ausgerechnet Hans Hinkel. Bevor sie losfuhren, drehte eine Gruppe des Propagandaministeriums einen kurzen Film über Lale Andersen, der von der Wochenschau gezeigt werden sollte. In Wirklichkeit wurde der Beitrag nur für Goebbels gedreht, der die Sängerin noch nie gesehen hatte.

»Das ist die Andersen?« soll er ausgerufen haben. »Das Idol von Millionen unserer Männer? Aber sie ist ja scheußlich!«

Der Film wurde nie gezeigt.

Einen oder zwei Tage vor ihrer planmäßigen Abreise rief Andersen in Hans Arens' Wohnung an. Odette nahm ab. Mit ihrer »hellen Kolibristimme« antwortete sie, daß Arens nicht zu Hause sei. »Ich glaub', er geht heute abend in die Oper.« Das war der Deckname für das Atelier über dem Wittenbergplatz.

Lale Andersen stieg die fünf Stockwerke im Dunkeln hoch. Dort oben fand zwar ein Treffen statt, doch weder Arens noch Weisenborn waren anwesend. Sie wußte, daß eini-

ge Mitglieder damit betraut waren, ausländische Radio-
sender abzuhören, und fragte, ob es in jener Nacht Luft-
angriffe geben sollte. Der Empfang sei schlecht, und sie
wüßten es nicht, wurde ihr mitgeteilt.

Der Zug nach Polen mit den Unterhaltungskünstlern fuhr
ab. In jener Nacht machte Hinkel die Runde, um sich
nach dem Wohlbefinden »seiner« Stars zu erkundigen.
Er öffnete die Tür zu dem Abteil, in dem Lale Andersen
mit anderen saß und richtete eine riesige Taschenlampe
auf ihre Gesichter. Er erkannte sie sofort.

»Ah, da haben wir ja auch unseren Neuzugang«, sagte
er. »Heil Hitler!«

»Wie wär's, wenn Sie mir statt Herrn Hitlers Ihren Namen nennen würden«, entgegnete sie. »Meiner ist Andersen.«

»Heil Hitler!« wiederholte Hinkel und schlug die Tür zu.

Am nächsten Tag fuhr ein Bus die Unterhaltungskünstler
durchs Warschauer Ghetto. Lale Andersen nahm dies nur
aufgrund ihres Versprechens gegenüber Weisenborn auf
sich. »Gottes erwähltes Volk«, verkündete Hinkel und
deutete auf die Ghettobewohner. Seine Augen ruhten auf
ihr. Es war klar, daß er über ihre Kontakte zu jüdischen
Emigranten in Zürich und ihre Liaison mit Rolf Liebermann Bescheid wußte. »Diesen erhebenden Anblick wollte
ich euch doch nicht vorenthalten«, fügte er hinzu.

In Warschau wohnten sie in einem Hotel. Nachts um halb
zwei Uhr klopfte es an Andersens Tür.

»Befehl vom Gruppenführer«, kommandierte eine Män-
nerstimme. »Frau Andersen möchte sofort herunterkom-
men.«

»Sagen Sie Herrn Hinkel, ich schlafe fest und habe keineswegs die Absicht, in den nächsten paar Stunden etwas
anderes zu tun«, erwiderte sie.

Ein paar Minuten später war der Mann mit zwei anderen zurück.

»Herr Hinkel verbittet sich eine Befehlsverweigerung«, schrie er.

Lale Andersen fügte sich. Unten sah der Tanzsaal wie ein Kinderspielplatz aus. Hinkel, mit einer Straußenfeder-Boa geschmückt, befand sich im fortgeschrittenen Stadium der Trunkenheit.

*»Der Liebling der deutschen Wehrmacht gibt uns die Ehre. Zwei, drei, ein Lied.« Seine Stimme torkelte genauso wie seine Knie, als er langsam ›Lili Marleen‹ zu singen begann. »Ich hör nichts«, unterbrach er sich und näherte sein Ohr meinem Mund. Grete Weiser kam angewieselt und bezog ihren Vermittlungsposten.*

*»Singse weich, Laleken«, flüsterte sie, wand ihre Stimme eine Oktave herauf und schrie: »Ruhe im Saal für Lili Marleen.« ... Das Lied hinterließ Stille und Feuchtigkeit. Grete und ich sahen es mit Genugtuung. »Sie bleiben«, brüllte Hinkel, als ich in der Annahme, mein Soll erfüllt zu haben, gehen wollte. »Oder ist das dämliche Lied, das dem Minister schon lange ein Dorn im Auge ist, alles, was Sie können?«...*

*»Musik!« brüllte Hinkel in den Saal. »Frau Andersen möchte mit mir tanzen.«*

*Hinkel zog mich aufs Parkett. Nachgeben ist hier das klügste, signalisierten Gretes Augen. Brustkorb, der mir die Luft abdrückt, Hand, die die Wirbelsäule zu verbiegen droht, Pathetisches aus Wodka-Mund und plötzlich ein Knall.*[8]

Sie hatte ihm eine Ohrfeige gegeben. Blitzschnell kehrte sie auf ihr Zimmer zurück, packte ihre Sachen, eilte die

Treppen hinunter in Erwartung, jeden Augenblick verhaftet zu werden. Der polnische Nachtportier hatte einen Bruder, der regelmäßig einen Lastwagen nach Kutno
fuhr, wo sie am Morgen den Zug nach Berlin erreichen
konnte. Sie bot ihm ihre Uhr und den Inhalt ihres Porte-
monnaies an, worauf der Portier entgegnete:

*Wir sind doch keine Deutschen, mein Kind, behalten Sie
das. Erzählen Sie in Deutschland den richtigen Menschen,
was das polnische Volk erdulden muß.*[9]

Der Bruder des Portiers erklärte sich bereit, sie zu fahren.
Er berichtete ihr, wie Juden – einschließlich Kinder – erschossen und vergast wurden. Den Vatikan und das Rote
Kreuz müsse man darüber informieren.
Andersen berichtete dem Widerstand in Berlin, was sie
erfahren hatte. Mit der Hilfe von Görings Leuten (Görings
und Goebbels' Leute waren wie Hund und Katze) gelang
es ihr, einer Verhaftung zu entgehen, indem sie Berlin verließ und den Sommer in Italien verbrachte. Ihr war verboten, weiterhin öffentlich aufzutreten. Später bot sich
Hanns Arens als Vermittler zwischen ihr und Hinkel an.
Sie wollte Hinkel jedoch nicht sehen.

*»Denk an deine Kinder und denk an deine Aufgabe als
Künstlerin. Wir werden sie brauchen in Deutschland, la
voix humaine, wenn alles vorüber ist. «*[10]

Schließlich fand doch noch ein Treffen mit Hinkel statt.
Er gab ihr die Genehmigung, wieder zu singen. Andersen
schrieb Ende Mai 1943 in ihr Tagebuch:

*»Ich tue dies nur aufgrund Ihrer persönlichen Umstän-*

de«, *höre ich Hinkel sagen,* »und weil Ihr Junge an der Front in Rußland ist. *Sich irgendwie mit dem Lied* ›Lili Marleen‹ *in Verbindung zu bringen, ist Ihnen strengstens untersagt. ...*«

*Hinkel steht auf.*

»*Wissen Sie überhaupt, was Sie für Glück gehabt haben? Um etwas viel weniger Schlimmes war meine jetzige Frau fast vier Monate im Konzentrationslager. ... Ohne mich hätte Ihnen das Gleiche passieren können.*« ...[11]

## Nur der Führer kann Ihnen jetzt noch helfen

*Am Abend dieses 1. Mai, an dem der Tod Hitlers bekannt wurde, schlief ich in einer kleinen Kammer des Quartiers von Dönitz. Als ich meinen Koffer auspackte, fand ich die rote Lederkassette, in der bis dahin das Bild Hitlers ungeöffnet gelegen hatte. Meine Sekretärin hatte es mir mitgegeben. Meine Nerven waren am Ende. Als ich das Bild aufstellte, überfiel mich ein Weinkrampf. Das erst war das Ende meiner Beziehung zu Hitler, jetzt erst war der Bann gelöst, seine Magie ausgelöscht.*

Albert Speer, *Erinnerungen*[1]

EIN GEWISSER KARL BERTHOLD war seit 1924 als Ange-
stellter des Versorgungsamtes Chemnitz tätig gewesen. Er
war unehelich geboren. Beim Ausfüllen der Formulare,
lange bevor die Nazis an die Macht kamen, nannte seine
Mutter als Vater des Kindes einen jüdischen Namen.
Dafür, behauptete Berthold 1938, als seine Mutter schon
nicht mehr lebte, gebe es keinen »objektiven Beweis«.
Berthold wurde 1938 zum 30. Juni 1939 die Stelle beim
Versorgungsamt gekündigt. Am 23. November 1938
schrieb er an den Führer und Kanzler des deutschen Volkes, Adolf Hitler:

*Wenn ich mich heute in höchster Not und Verzweiflung
an Sie, mein Führer, wende, so geschieht es deshalb, weil
ich keinen anderen Weg finde, wo mir eine letzte Hilfe
zuteil werden kann und weil meine ganze Lage eine der-
artige ist, wo nur noch ein edles, gutes Herz und die innere Veranlagung eines Menschen sprechen kann.*
*Ich gestatte mir daher, Ihnen meine ganze seelische An-
gelegenheit vorzutragen in der festen Überzeugung, daß
Sie Mittel und Wege finden mögen, mir und meiner Familie zu helfen, um in unserem herrlichen, von Ihnen ge-
schaffenen Großdeutschland weiter leben zu können. ...*
*Was dies für mich und meine Familie heißt, läßt sich in
Worten nicht zum Ausdruck bringen, nur eines bedeutet
es, Vernichtung und Zugrunderichtung einer fast 25jäh-
rigen glücklichen und harmonischen Ehe, und ich glaube
bestimmt, daß Sie, mein Führer, das nicht wollen, denn
was soll ich nun anfangen? Was ist ein Mensch ohne Existenz und ohne sein täglich Brot. Dann ist es allerdings
besser, ich scheide samt meiner Familie freiwillig aus dem
Leben und sterbe trotz aller Härte doch noch für Adolf
Hitler.*

*Ich fühle mich als echter Deutscher, mit echtem deutschen Herzen, der von Juden nie etwas gesehen und gehört hat und diese auch nie kennenlernen will. Ich bin von Geburt an in einem streng christlichen Hause bei meinem Großvater, der 40 Jahre Soldat war, die Kriege 1864, 1866 und 1870, ja sogar schon die Straßenkämpfe 1849 mitgemacht und mehrere Orden hat, erzogen worden und bin in diesem Hause bis zu meiner Verheiratung im April 1914 gewesen. Meine Mutter, seine älteste Tochter, also rein arisch, hat ihm bis zu seinem Tode im Dezember 1916 die Wirtschaft besorgt. Im April 1914 habe ich eine reine Arierin geheiratet und lebe in nationalsozialistischen Verhältnissen, einfach, aber glücklich. Ich selbst bin am 13.3.1933 der Partei beigetreten und war bis zum 14.5.1935 politischer Leiter. Nur auf Grund meiner schwebenden Sache wurde mir mein Austritt anempfohlen. Dummerweise habe ich dies getan. Auch meine beiden Söhne (Hans) 21 Jahre und (Siegfried) 17 Jahre waren seit der Machtergreifung beim Jungvolk bzw. Hitlerjugend, und mein ältester Sohn dient nun bereits im 3. Jahr dem Vaterlande. So liegen meine Verhältnisse, die doch bestimmt als normal anzusehen sind und aus denen hervorgeht, daß ich in keiner Weise mit dem Judengesindel etwas zu tun habe. ...*

*Für mich wäre die größte Weihnachtsfreude, wenn ich meiner Familie einen günstigen Bescheid auf den Weihnachtstisch legen könnte. Mehr wünsche ich nicht.*

*Heil Hitler!*

Nach einer Ablehnung im Februar 1939 wurde Bertholds Gesuch am 6. August 1939 schließlich entsprochen, und er erhielt seine Stelle zurück.[2]

Am 11. Januar 1944, einen Tag nach seinem 24. Geburtstag, erhielt Hilmar die Nachricht, daß er zum »Volljuden«
erklärt worden war und sich umgehend beim Polizeihauptquartier zu melden habe.

Versicherungen der »Reichsstelle für Sippenforschung«
in Berlin, daß sie an dem Fall arbeiteten, spielten keine
Rolle mehr. Irgendwas war in Bewegung gesetzt worden,
irgendjemand hatte seine Geduld verloren, niemand kümmerte es noch, wer Hilmars »Erzeuger« war. Hilmar war
Jude, Punkt. Mit der gleichen Logik hätten sie auch entscheiden können, daß er »Mischling« sei, Punkt. Man
mußte beweisen, daß man »Arier« oder »Mischling ersten oder zweiten Grades« war, d.h. man mußte drei oder
mindestens zwei »arische« Großeltern vorweisen können.
Konnte man das nicht, wurde man als »Volljude« klassifiziert.

Wenn Hilmar in der Wehrmacht gewesen wäre, hätte er
vielleicht einen Antrag als »Härtefall« stellen können.
Doch als Zivilist konnte er auf keinen Fall einen solchen
Antrag stellen.

Gegen Ende des Kriegs wurde die Unterscheidung zwischen Juden und »Mischlingen« immer unschärfer, obgleich »Mischlinge« in der Regel nicht ermordet wurden.[3]
Während die NSDAP und die SS ein radikales Vorgehen
forderten, arbeiteten andere in der Bürokratie – besonders Bernhard Lösener, Rassereferent des Reichsinnenministeriums – daran, »Mischlinge« zu schützen. Es gab
niemals eine widerspruchsfreie Verfahrensweise. Bernhard
Lösener scheint einer der wenigen Fälle zu sein, wo die
allbekannte und nach 1945 von so vielen gebrauchte
Entschuldigung »Ich blieb im Amt, um Schlimmeres zu
verhindern« wohl berechtigt gewesen wäre.[4]

Ein Grund, warum die Polizei, abgesehen von Drohungen, andere Maßnahmen gegen Hilmar hinausschob, mag die Anwesenheit des Polizeirats Klose im Polizeipräsidium gewesen sein. Bei mindestens einer Gelegenheit sagte er zu Hilmar, er solle dafür sorgen, den »Krieg heil und gesund zu überstehen«. Doch am 12. Januar 1944, nachdem Hilmar zum »Volljuden« erklärt worden war, war Klose nicht mehr im Polzeipräsidium. Auf seinem Posten war jetzt der Beamte, der Hilmar im September 1939 die Aufnahme in die Wehrmacht verweigert hatte.

»Nehmen Sie Ihre Hände von meinem Tisch, Sie Saujude«, schrie er. Dann legte er eine Pistole auf den Tisch und verließ den Raum. Nach ein paar Minuten kehrte er zurück und sah, daß Hilmar sich nicht erschossen hatte. Er nannte ihn einen Feigling und schickte ihn fort.

Als Brunhilde, im fünften Monat mit Gudrun schwanger, bei seiner Rückkehr seinen Gesichtsausdruck sah, wollte sie umgehend zur Polizei gehen. »Das würde alles nur schlimmer machen«, gab er zu bedenken.

Von da an mußte er den gelben Stern tragen und Judenmarken benutzen. Das bedeutete, daß er in Lebensmittelläden nicht mehr bedient werden mußte. Wann immer es Fliegeralarm gab (und in den kommenden Wochen war das öfter der Fall), wurde ihm der Zutritt zum Keller verwehrt und Brunhilde blieb mit ihm in der Wohnung. Und da er den gelben Stern trug, wurde er bei Fliegeralarm mehr als einmal beschuldigt, den alliierten Flugzeugen Zeichen gegeben zu haben. Daher entfernte Brunhilde den gelben Stern. Bei Bedarf nähte sie ihn wieder an.

Einmal gingen sie ohne den gelben Stern gemeinsam zu einem Fußballspiel. Wie es der Zufall wollte, tat ein Polizist aus ihrem Bezirk Dienst. Brunhilde mußte sich immer vor Hilmar stellen, um dem Beamten den Blick zu versperren. Bei einer anderen Gelegenheit trug er den gelben Stern auf der Straße, verdeckte ihn jedoch mit seiner rechten Hand. Ein Polizist, der ihn kannte, brüllte ihn an: «Nimm den Arm runter. Wir wissen, daß du Jude bist!»

Am schlimmsten war, daß Hilmar nicht mehr bei Kolbe & Co., dem Fabrikanten chemischer und kosmetischer Produkte, arbeiten durfte. In seinem Arbeitsbuch stand, daß die Beschäftigung am 15. Januar 1944 endete. Doch Herr Kolbe wollte ihn einen weiteren Monat behalten, bis Ersatz gefunden war. Hilmar willigte ein. Deshalb arbeitete Hilmar einen Monat illegal – ein schwerer Verstoß.

Brunhilde ging zum Personalchef, um ihn zu fragen, ob das Datum des Beschäftigungsnachweises vom 15. Januar auf den 15. Februar geändert werden könne. Der Mann verweigerte dies.

»Mein Chef«, sagte Brunhilde, »hätte das sicher getan.«

»Dann haben Sie gewiß Glück, junge Frau«, antwortete der Mann mit einem sarkastischen Grinsen.

Hilmar kam zu der Überzeugung, daß die Lage hoffnungslos war. Eines Morgens, als Frau Wailke Probleme mit ihren Beinen hatte und im Krankenhaus lag, schrieb er einen Abschiedsbrief und drehte das Gas am Küchenherd auf. Frau Wailke wurde ein paar Stunden später unerwartet nach Hause gebracht und fand ihn bewußtlos. Sie drehte das Gas ab und rief die Polizei. Die kam, nahm Hilmars Brief weg und gratulierte Frau Wailke vielleicht noch zur Rettung ihres Sohnes. Ganze fünf Stunden später schickte Frau Wailke einen Nachbarn zu Brunhildes Buchladen, um diese zu benachrichtigen. Als Brunhilde eintraf, saß Frau Wailke ruhig an ihrem Schreibtisch, während ihr Sohn immer noch bewußtlos auf dem Küchenboden lag. Sie schrieb Horst einen Brief. Brunhilde versuchte, mit Hilmar zu sprechen, doch er öffnete lediglich seine Augen und schloß sie wieder. Sie rief umgehend einen Arzt an. Der kam und sagte, daß Hilmar sofort ins Krankenhaus müsse. Sie probierten es bei einigen Krankenhäusern, doch wollte ihn zuerst keines aufnehmen. Schließlich fanden sie doch eines.

Bis zum 17. März war Hilmar kräftig genug, um mit Brunhilde nach Berlin zu fahren und herauszufinden, ob es eine Möglichkeit gab, seine Klassifizierung als »Volljude« rückgängig zu machen. Juden war es nicht erlaubt zu reisen, doch er hatte nichts zu verlieren. Brunhilde nahm den gelben Stern in ihrer Handtasche mit. Zuerst fuhren sie zum Reichsinnenministerium. Brunhilde ging hinein. Ein älterer Beamter erklärte ihr, daß dies der falsche Ort sei und solche Angelegenheiten vom Reichssicherheitshauptamt erledigt würden, im Gestapo-Gebäude, Kurfürstenstraße 115-116.

»Ich schlage vor, Sie wenden sich dorthin, wenn Sie den Mut haben.«

Sie fuhren hin, und wieder blieb Hilmar draußen. Brunhilde wurde zu SS-Gruppenführer Pachow gebracht, einem Mann mit einem verhältnismäßig menschlichen Gesicht, wie sie dachte. Er hörte sie höflich an.

»Übrigens«, sagte sie, »ist mein Verlobter draußen. Meinen Sie, er könnte reinkommen?«

»Aber er darf doch nicht reisen!« rief er aus. »Ich kann Ihnen nur raten, diesen Mann zu verlassen«, meinte er, als er sich beruhigt hatte. »Denken Sie doch an all die jüdischen Eigenschaften!«

»Ja«, entgegnete Brunhilde. »Doch die im *Stürmer* dargestellten Eigenschaften habe ich an ihm nicht gefunden.« Sie fragte ihn, ob er verheiratet wäre.

»Ja.«

»Und haben Sie Kinder?«

»Ja.«

»In diesem Fall werden Sie verstehen, daß ich ihn nicht verlassen kann. Wer kann mir jetzt noch helfen?«

»Nur der Führer.«

»Wie komme ich zu ihm?«

»Da müssen Sie bis nach dem Krieg warten.«

Zwölf Tage später, am Morgen des 29. März um elf Uhr, wurde Hilmar von dem Gestapobeamten Schamphals verhaftet. Am Abend zuvor hatte sich Brunhilde über all die schrecklichen Dinge beklagt, die Frau Wailke ihm angetan hatte.

»Das darfst du nicht sagen«, hatte Hilmar erwidert. »Ich habe ihr verziehen.«

Einen Monat später verhaftete der Gestapobeamte Schamphals auch Brunhilde. Er erzählte ihr, daß sich Pachow sofort nach ihrem Besuch mit dem Polizeihauptamt in Stettin in Verbindung gesetzt und Hilmars Verhaftung befohlen hatte. Pachow hatte ihm erzählt, daß er die Verhaftung am liebsten gleich persönlich vorgenommen hätte und dem Paar sogar zur nächstgelegenen U-Bahnstation gefolgt sei und beobachtet habe, wie sie auf den bereits fahrenden Zug aufgesprungen seien.

»Natürlich war das Unsinn«, bemerkte Brunhilde mir gegenüber. »Die Türen schließen doch automatisch, bevor der Zug abfährt.«

Doch Hilmar hatte einen Mann in voller SS-Uniform auf dem Bahnsteig gesehen.

»Ist er das?« hatte er gefragt.

Zu spät, sie hatte niemanden mehr sehen können.

## Unser Bekenntnis zum Führer

*Die ich rief, die Geister,*
*Werd' ich nun nicht los*

Johann Wolfgang von Goethe, *Der Zauberlehrling*

ODETTE WAR ELF, als sie ihre »türkischen« Verwandten zuletzt sah. Das war 1922, bevor sie und ihre Mutter aus dem Schloß ihrer Vorfahren in Oberherrlingen mit fünfzehn Umzugswagen in ihre 22-Zimmer-Villa nach Eddersheim am Main zogen. Sie hatten keinen Kontakt mehr bis zum Sommer 1943, als Odette nach Oberherrlingen zurückkehrte, um ihre Verwandtschaft zu besuchen. Sie war auf den Gedanken gekommen, daß das Schloß ein geeigneter Zufluchtsort war, falls sie Berlin wegen der Bombenangriffe verlassen mußte.

»Ich bin Odette«, sagte sie. »Erinnert ihr euch an mich?« Ja, sie erinnerten sich und waren ganz entzückt von ihr. Sie boten ihr und ihrer Familie, einschließlich der Baronin, bei Bedarf zwei oder drei Zimmer im Schloß an.

Schon bald brauchten sie die Zimmer tatsächlich. In der Nacht des 22. November wurden sie ausgebombt. Während Odette und Hanns Arens mit Lale Andersens Manager auf einer Gesellschaft waren, wurde ein großer Teil des Berliner Westens, einschließlich ihres Wohnhauses, bei einem Luftangriff zerstört. Sie verloren alles. Herr und Frau Arens zogen mit der Baronin und ihrem vierjährigen Sohn Axel nach Oberherrlingen. Von da an betrieb Hanns Arens seinen Verlag vom Schloß aus.

Er setzte die freundschaftliche Beziehung zu Hans Hinkel fort. Im Februar 1944 brachte Arens ihm von einer Reise nach Holland und Frankreich ein Pfund Kaffee mit. Er gab ihm auch seine Telefonnummer in Oberherrlingen und lud ihn ein, sie zu besuchen, falls er jemals in der Gegend wäre. Odette, schrieb er, würde sich ebenfalls sehr freuen, ihn zu sehen. Ob er damit recht hatte, ist schwer zu sagen. Auf jeden Fall hatte sich Odette schon vier Jahre zuvor im Interesse des Verlags bemüht, den Kontakt zu Hinkel zu pflegen.

*An das*
*Reichsministerium für*
*Volksaufklärung und Propaganda*
*Büro Hinkel*

*9. September 1940*

*Sehr geehrtes Fräulein Framm!*
*Leider habe ich auf mein Schreiben vom 12. Juli des Jah-*
*res nichts von Ihnen gehört.*
*Ich möchte so gerne, daß es mit dem Plan »Unser Weg*
*zum Führer« jetzt etwas vorangeht. Ist denn bisher dazu*
*weiter gar nichts geschehen? Bereits im Juni schrieben*
*Sie mir, daß mit den Vorarbeiten begonnen sei – Zusam-*
*menstellung der Namen ...*
*Seien Sie doch bitte so nett und geben mir einen Bescheid,*
*damit ich weiß, was Sie inzwischen unternommen haben;*
*ich nehme nicht an, daß die ganze Sache einfach in Ver-*
*gessenheit geraten ist?*
*Ich hoffe sehr auf Ihre Nachricht und bin mit vielen Grü-*
*ßen und*
*Heil Hitler!*
*Ihre Odette Arens[1]*

In einem anderen, später datierten Brief, der sich im
Bundesarchiv in Berlin befindet, erwog Odette Arens für
eine Publikation sogar einen Beitrag vom »Minister für
Volksaufklärung und Propaganda« Joseph Goebbels zu
erbitten.

Im März schloß sich Hanns Arens wieder der Luftwaffe
an und wurde dem Stab von Generalmajor Adolf Galland
zugeteilt, dem jüngsten General in der Wehrmacht und
dem »Udet des Zweiten Weltkriegs«. Sein Hauptquartier
lag in Berlin-Kladow. Mit dem Generalmajor konzipierte
Arens ein besonderes Projekt: die Veröffentlichung je ei-

nes Heftes über die zehn hervorragendsten Kampfpiloten des Krieges. Er sorgte dafür, daß er von Reichsmarschall Hermann Göring persönlich damit beauftragt wurde.

Ohne Zweifel hoffte Hanns Arens, seine Firma zu retten, indem er Soldat wurde, besonders weil es ihm gelang, seinen Militärdienst mit seiner Tätigkeit als Verleger zu verbinden. Nach dem Attentat auf Hitler am 20. Juli 1944 wurde das Naziregime mehr und mehr zu einem Terrorregime. Tausende von Männern und Frauen wurden nur aufgrund von Verdächtigungen hingerichtet, nachdem der Volksgerichtshof die üblichen Schauprozesse durchgeführt hatte. Jene, an deren Loyalität nur der geringste Zweifel bestand, hatten guten Grund, um ihr Leben zu fürchten. Hanns Arens muß gespürt haben, daß er einer von ihnen war. Er wußte, solange er sich nicht wie ein treuer Anhänger verhielt, würde er mit seiner Verhaftung rechnen müssen. Wenn ihn jemand denunzierte und sich die Mühe machte, die vorhandenen belastenden Informationen aufzutreiben, war er am Ende. Viele wußten von seiner Freundschaft mit Lale Andersen, wenn nicht gar von seinen Kontakten zu dem Widerstandskämpfer Günther Weisenborn und dessen Leuten (die meisten waren zu diesem Zeitpunkt schon hingerichtet worden). Außerdem gab es sein Buch über Stefan Zweig. Leute wie er waren nicht mehr sicher, selbst wenn kein Verdacht bestand, daß er an der Verschwörung gegen Hitler beteiligt gewesen war. Mehr als jemals zuvor waren Hanns Arens und Odette auf Hans Hinkel angewiesen.

Sofort nach dem Attentatsversuch am 20. Juli – so die Vermutung – schrieb Hans Hinkel an Hanns Johst, Präsident der »Reichsschrifttumskammer« und der NS-Kulturorganisation »Kampfbund für deutsche Kultur«*, um ihm mitzuteilen, daß seine Geduld am Ende und die

Zeit gekommen sei, eine entscheidende Maßnahme gegen zweifelhafte Charaktere zu ergreifen.[2]
Ein Historiker beschreibt Hinkels Rolle in jener Zeit folgendermaßen:

*Ihre schauerliche Krönung erfuhr seine Laufbahn als Kulturwalter Hitlers nach dem 20. Juli 1944, als er außerdem die Leitung der Filmabteilung des Ministeriums übernahm. Im Auftrage Hitlers drehte ein von Hinkel zusammengestelltes Team in dessen Anwesenheit den grauenvollen Film vom Prozeß vor dem Volksgerichtshof und von den anschließenden Exekutionen, bei deren Anblick sich selbst Zuschauer Goebbels abwenden mußte.* [3]

Am 31. Juli, elf Tage nach dem Attentat auf Hitler, antwortete Hanns Johst Hans Hinkel:

*Ich freue mich unbändig über Deinen Brief und seinen Inhalt und ich sage aus ganzem Herzen ja zu jedem Wort. Das atmet wieder alles den alten Hinkel Hans aus der Kampfzeit. Manchmal fürchtete ich schon, Du hättest in dem langen Berliner Tohuwabohu den Riecher für die verschiedenen Fronten intra muros ein bissel verloren. Wundervoll, daß das nur Gespenster waren, die ich da fürchtete. Herrlich, daß Du der Alte bliebst, dem ich nach Rosenberg als Ersten die Hand gab, um mich für mein ganzes Leben der Sache Adolf Hitlers zu verschwören. Ja, wir wollen alle zusammen ein Fahnentuch weben und*

---

[*] Hanns Johst war der führende Schriftsteller der Nationalsozialisten und bekannt als Autor des Dramas *Schlageter* über den gleichnamigen frühen Nazi-Märtyrer, der während der Ruhrbesetzung 1923 von den Franzosen hingerichtet worden ist.

*sticken, das einmal Zeuge sein soll, wie eine edle Stan-*
*darte im Sturm, für den Sturm geboren, aus dem bedin-*
*gungslosen Glauben an den Führer, und damit siegreich.*
*Daß Du auch an unsere alten »unpolitischen« Freunde*
*denkst, freut mich am meisten, denn mit den Brüdern*
*habe ich mit zusammengebissenen Zähnen immer Ärger*
*gehabt und war manches liebe Mal erbost, wenn sie in*
*den Räumen des Führers als seine Gäste grinsend wie*
*Jesuitenpatres höflich und aalglatt herumschnüffelten.*
*Herbert Menz wird sie sicher in einem richtigen, gewand-*
*ten und höflichkeitstriefendem Brief auffordern und zu*
*ihrem Bekenntnis zwingen. ...*

Dann merkt Johst an, daß die Briefe u.a. auch an »unpo-
litische« Christen, Konservative und Dichter gehen sollten.

*Wenn je, dann heute muß aus jedem Dichter wie aus je-*
*dem Schuster und Schneider, Soldat oder Munitions-*
*arbeiter ein Adolf Hitler-Fanatiker werden. Wer heute*
*versagt, d.h., sich Deinem Plan versagt, versagt sich selbst*
*die Zukunft.*
*Herbert Menz täte mir einen großen Gefallen, wenn er*
*mir seine Liste zukommen ließe, und vielleicht auch gleich*
*den Tenor seines Briefes, damit wir drei alten Kämpen*
*hier von vornherein richtig an einem Strick ziehen. ...* [4]

Es gibt keinen Beweis dafür, daß Hanns Arens einen von
Herbert Menz' Briefen erhalten hat, der ihn »zwang«,
eine Ergebenheitserklärung abzugeben. Gut möglich, daß
er einen solchen Brief bekommen hat, oder falls nicht, so
doch von anderen gehört hatte, daß sie unter Druck gesetzt worden waren. Aus diesem Grund entschloß er sich,

nicht nur einen Brief zu schreiben und darin seine Loyalität zu verkünden, sondern Hinkel die Veröffentlichung eines Buches mit dem Titel *Unser Bekenntnis zum Führer* vorzuschlagen, das die neu eingeholten Ergebenheitsadressen beinhalten sollte. Entweder Hans Hinkel oder Hanns Arens sprach mit Hanns Johst und bat um seine Unterstützung, die Johst bereitwillig, womöglich sogar enthusiastisch, gewährte.

Nun ergab sich für Hanns Arens ein anderes Problem, das nicht unmittelbar lebensbedrohlich, doch unter diesen Umständen sehr lästig war. Gemeint ist der Versuch des Arbeitsamts, Odette für Kriegsarbeit heranzuziehen. Am 27. Juli 1944 schrieb Arens an Hinkel:

*Kaum war ich heute wieder in Kladow, da kam ein Telefongespräch von Odette. Das Arbeitsamt will sie irgendwo einsetzen. Da ich aber keine Sekretärin habe und auch keine bekomme, arbeitet meine Frau sehr viel für mich, denn ich mache meinen Verlag ganz alleine, ohne jede Hilfe. Das hat seine Vorteile, aber auch seine Nachteile, vor allem bin ich mit viel Kleinarbeit beladen, die mir Odette zum größten Teile abnimmt.*
*Wenn sie nun eines Tages zum Einsatz kommt, dann stehe ich da mit meinen Talenten.*
*Ich möchte Dich deshalb bitten, Deine schützende Hand über uns zu halten. Ich möchte Dir gern den Vorschlag machen, sie als Mitarbeiterin an dem geplanten Buch, über das wir heute sprachen, zu bestellen. ...[5]*

Dem Brief fügte er gleich einen seiner Ansicht nach passenden Entwurf eines Antwortbriefs bei:

DER PRÄSIDENT DER REICHSKULTURKAMMER

*An das*
*Arbeitsamt in Ulm (Donau)*

*Auf Vorschlag des Vizepräsidenten wurde Frau Odette*
*Arens, wohnhaft Herrlingen bei Ulm, zur Mitarbeiterin*
*an dem von Herrn Reichsminister Dr. Goebbels angereg-*
*ten Werk Unser Bekenntnis zum Führer bestellt.*
*Von einem anderweitigen Einsatz der Frau Arens ist ab-*
*zusehen, da ihre Mitarbeit an dem oben genannten Werk*
*vordringlich ist.*

Die Formulierung »an dem von Herrn Reichsminister Dr.
Goebbels angeregten Werk« war mit Bleistift durchge-
strichen.
Am 30. August schrieb Hinkels Büro an Hanns Johst und
bat ihn, das Gesuch, Frau Odette Arens aufgrund ihrer
wesentlichen Rolle bei der Vorbereitung der Publikation
*Unser Bekenntnis zum Führer* von der Kriegsarbeit aus-
zunehmen, zu unterstützen
Zwischenzeitlich, am 25. August, unterbreitete Hanns
Arens Hans Hinkel eine neue Idee:

*Ich meine nun, in der gleichen Form, in der gleichen Ar-*
*beitsweise müßten erst einmal 5 der verdientesten SS-Füh-*
*rer, die in diesem Kriege Hervorragendes geleistet haben,*
*bearbeitet werden. Ich denke an: Sepp Dietrich, Gille,*
*Eicke, Witt und Fegelein. ... An dem Vorbild und Bei-*
*spiel ihres Lebens wird sich mancher Junge richten und*
*sein Leben einrichten als Mensch und Soldat. ...*[6]

Doch am 4. September, kurz vor seiner Abfahrt aus Ber-

lin nach Oberherrlingen, fand Hanns Arens heraus, daß
sein Verlag zusammen mit vielen anderen Betrieben als
»kriegsunwichtiges« Unternehmen geschlossen werden
sollte.
Sofort wandte er sich an Hans Hinkel:

*... Das wäre ein sehr betrüblicher Fall im Hinblick auf
die von mir jetzt fertig vorliegenden 10 Jagdfliegerhefte
für General Galland, die gerade soweit gediehen sind,
daß ich sie zum Druck geben könnte, besonders aber im
Hinblick auf unser Buch Unser Bekenntnis zum Führer,
das Du in Verbindung mit Hanns Johst in meinem Verlag
herausgibst.*
*Ich habe dieses Buch gerade in den kritischen Tagen, in
denen man sich auch als Verleger unmißverständlich be-
kennen muß, mit besonderer Liebe erwartet, zumal die
Anregung von mir ausging.*
*Ich kann es deshalb nicht ganz verstehen, warum man
ausgerechnet einen jungen aktiven Verlag, dessen Inha-
ber und Leiter seit vielen Jahren eindeutig als National-
sozialist arbeitet, schließen will, zumal er auch noch für
die Jagdflieger eine nicht unbedeutende Schriftenreihe
herausgibt, deren verantwortlicher Schriftleiter er zudem
noch ist und im Auftrage des Herrn Reichsmarschalls von
General Galland vorbereitet wurde. ... Daß nun ein so
wichtiges Buch wie Unser Bekenntnis zum Führer nicht
erscheinen soll, will mir nicht in den Kopf. Ich weiß,
mancher Verleger würde ein solches Buch nicht machen,
weil es ihm ›zu riskant‹ wäre, mit einer solchen Veröffentlichung herauszukommen. Mich haben keine geschäft-
lichen Überlegungen dazu geführt, dieses Buch anzure-
gen, sondern einfach die Überzeugung, daß ein solches
Buch heute für viele deutsche Menschen notwendig ist. ...*

*Im Interesse unserer guten Sache möchte ich Dich bitten,*
*mit Herrn Minister Dr. Goebbels zu sprechen, damit er*
*unter Hinweis auf die vorstehend angeführten Bücher*
*meinen Verlag von der Schließung ausnimmt, damit ich*
*meine Arbeiten fortführen kann, zumal durch eine Schlie-*
*ßung aus meinem Verlag keine Arbeitskräfte frei werden,*
*da ich bereits zur Wehrmacht einberufen bin und sonst*
*keinen Angestellten habe.*
*Ich nehme an, daß der Herr Minister oder seine Sachbe-*
*arbeiter in diesem Falle eine Ausnahme machen werden,*
*zumal ich auch General Galland gebeten habe, von sich*
*aus Schritte zu unternehmen, damit die Jagdfliegerhefte*
*gedruckt werden können, zumal diese im Auftrage des*
*Herrn Reichsmarschalls durch General Galland heraus-*
*gegeben werden. ...*[7]

Am 9. September schrieb Hanns Arens an Hinkel, daß er
den Titel *Unser Bekenntnis zum Führer* nicht mehr mochte, genauso wenig wie den anderen Vorschlag: *Wir ste-*
*hen und fallen mit Hitler.* Er schlug statt dessen den ein-
dringlicheren Titel *Das Bekenntnis des Herzens* mit
dem Untertitel *Worte deutscher Männer und Frauen für*
*Adolf Hitler* vor.
Bis zum 21. September hatte Johst den Vertrag für *Unser*
*Bekenntnis zum Führer* unterzeichnet. Er schickte Hanns
Arens einen persönlichen Brief, um ihm mitzuteilen, wie-
viel Freude ihm der Vorschlag bereitet hatte. Johst lebte
in Oberallmannshausen, einem kleinen Dorf in den Bayerischen Alpen, weit entfernt vom Geschehen, und konnte
nicht gewußt haben, daß Arens' Verlag drauf und dran
war, geschlossen zu werden. Doch dann tauchten in letzter Minute andere Probleme auf. Plötzlich war kein Papier zum Druck des Buches zu bekommen.

Hanns Arens schrieb an Hinkel:

*Ich nehme an, größere Mengen soll die Frontbuch-
handlung bekommen, desgleichen wird das Amt Truppen-
betreuung sich einschalten. Wie schaltet sich die Partei
ein? Oder soll das Buch nur durch den Buchhandel ver-
trieben werden, was ich für richtig halte, denn sonst wird
wohl zu sehr der Parteicharakter herausgestellt, was bei
Vielen dem Buch abträglich sein wird. Du kennst ja die
Leute am besten! ...*[8]

Am 22. September schrieb Hinkel an Johst:

*Soeben besprach ich mit unserem Kameraden Menz noch
einmal meinen Plan des besagten Büchelchens. Im allgemeinen sind die Eingänge ja recht erfreulich und bestätigen vor allem das, was wir über Art und Haltung der
Angeschriebenen schon wußten. ...
Augenblicklich geht noch eine kleine Rauferei um das
Papier für dieses meines Erachtens gerade für die nächste
Zukunft recht wünschenswerten Büchelchens. Ich glaube aber, daß ich diese dummen Widerstände überwinden
kann; denn sie haben ihre Ursache darin, daß nicht ein
Beamter diese Idee hatte, sondern ein alter Kampfgenosse
aus der NSDAP. [Sicher meint er Johst, obwohl es tatsächlich Hanns Arens' Idee gewesen ist.] Sollte es diesbezüglich größere Schwierigkeiten geben, so werde ich unseren Doktor [Goebbels] belästigen müssen.
Menz sagte mir, daß Du gerne Näheres über die Beweg-
gründe für einen Berliner ›Jrafen‹\* hören würdest. Ich*

---

\* Wolf Heinrich Graf von Helldorf, Polizeipräsident von Berlin,
SA-Obergruppenführer, geb. 1896, hingerichtet am 15.8.1944.

*kann Dir nur soviel sagen, daß ich alle Hauptverhand-
lungen vom Beginn bis zur Vollstreckung miterlebte und
dabei nur jämmerlichen oder schwarz-reaktionären In-
triganten begegnete. Letztere sind die Drahtzieher der
hemmungslos dummen und entsprechend ehrgeizigen
Marionetten gewesen. Zu dieser Sorte gehörte auch der
oftmals durch seine Kapriolen auf Rennplätzen verschul-
dete ›Jraf‹, der ja auch hin und wieder bei Töpfer's aß.
›Motive‹: weil der Adel schlecht behandelt worden sei,
weil das Gleiche mit den allverehrten christlichen Kon-
fessionen geschehe und weil – ein anderer höherer SS-
und Polizeiführer für Berlin/Brandenburg wurde. Es war
beschämend. Mehr über all das mündlich. ...*[9]

Am 25. September, während in der Schlacht von Arnheim
in den Niederlanden gekämpft wurde, während die Rote
Armee in Estland, die Slowakei und Ungarn eindrang und
sich die Britische Fünfte Armee  Bologna näherte, schickte Hanns Arens Briefe direkt an Hanns Johst und an Adolf
Gallands Adjutanten, Major Meinardus, und behauptete, daß seine Firma für die Kriegsanstrengung wichtig sei.
An den Adjutanten fügte er hinzu:

*... wenn mein Verlag und die damit verbundene Arbeit
für die Jägerhefte ruhen muß, dann würde ich es begrüßen, wenn der Herr General mich zu einem anderen Einsatz freigibt. Ich bin mir bewußt, daß ich mit meinen 43
Jahren keine großen Taten vollbringen kann. Ich werde
den Dienst tun, den man von mir fordert, wie jeder andere. Vielleicht kann ich zum Bodenpersonal bei einem Ge-
schwader kommen. Ich weiß nicht, wie man mich sonst
einsetzen kann. Wenn ich als Flieger einen Wunsch äußern darf, dann wäre es der: nicht in der Etappe, sondern*

*an der Front eingesetzt zu werden. Das, was ich tun kann,*
*möchte ich gerne da leisten, wo gekämpft wird. Es ste-*
*hen viele dort, die ihr Leben genauso gerne haben wie*
*ich. ...*[10]

Am 30. September erhielt Hanns Arens eine weitere Benachrichtigung, daß »die totale Mobilisierung den Einsatz aller Kräfte für den Sieg erfordert«. Auch auf kultu-
rellem Gebiet müsse jetzt auf Einrichtungen verzichtet und
deshalb die Schließung seines Betriebs verfügt werden.
Dieses Mal kam die Benachrichtigung von Hanns Johsts
Büro, der den Vertrag bereits unterzeichnet und dem die
Idee »so viel Freude« bereitet hatte. Einspruch gegen diese Verfügung war nicht zulässig.
Zwei Monate später wurde die Bitte, Frau Odette Arens
von der Kriegsarbeit auszunehmen, offiziell und endgültig abgelehnt.

*Gudrun*

*Brunhilde, im Juli 1989*

## Die Briefe

*Gegen Mittag ging ein SS-Hauptscharführer durch die Ba-*
*racken. In jeder ernannte er einen Barackenältesten, den er*
*aus den verbliebenen Nichtjuden aussuchte; und er befahl,*
*augenblicklich eine Liste der Kranken anzulegen, getrennt*
*nach Juden und Nichtjuden. Die Sache schien klar zu sein.*
*Keinen nahm es wunder, daß die Deutschen bis zum Letz-*
*ten ihre nationale Vorliebe für die Klassifizierungen wahr-*
*ten, und kein Jude dachte mehr ernstlich daran, den näch-*
*sten Tag zu erleben.*

Primo Levi, *Ist das ein Mensch?*[1]

HILMAR SCHRIEB seinen ersten Brief an Brunhilde aus Görlitz, östlich von Dresden, am 8. April 1944, zehn Tage nach seiner Verhaftung.

*Liebste Brunhilde!*
*Wie Du siehst, benutze ich jede Gelegenheit, um Dir aus der Ferne ein paar liebe Worte zu senden. Wegen der Feiertage [Ostern] bleibt mein Transport eine Woche hier stehen. Dann geht es nach Breslau, wo wir auch wieder ein paar Tage bleiben, dann Gleiwitz desgleichen und von dort nach Auschwitz. Wie ich Dir schon sagte, habe ich noch keinen Menschen gefunden, der mich verurteilt hätte. Alle haben für mein Pech größtes Verständnis und geben mir gute Ratschläge. Hier bin ich jetzt mit einem sehr netten Tschechen und einem Breslauer zusammen. Beide kennen die Verhältnisse in den Konzentrationslagern sehr genau. Der Breslauer ist schon zwei Jahre in Sachsenhausen gewesen und der andere, durch dessen Verwandte Du diese Zeilen bekommen wirst, kennt viele, die in Auschwitz waren. Demnach kann es nicht allzu schlimm werden. Nach meiner Ankunft gehe ich erst für eine Zeit bis zu sechs Wochen in Quarantäne. Da braucht man nicht arbeiten, nur etwas Sport incl. Exerzieren. Dann erst beginnt das richtige Lagerleben. ... Du wirst überhaupt am besten daran tun, viel zwischen den Zeilen zu lesen und jedes Wort zu überlegen. Traurig, daß man auch so etwas lernen muß. Hoffentlich dauert es nicht mehr lange. Ich sorge mich sehr um Dich, wenn Dein Zustand nicht wäre [Brunhilde war zu dieser Zeit im siebten Monat schwanger mit Gudrun], würde ich auch bedeutend freier atmen können. Wenn nur die Flieger nicht zuviel Unheil anrichten in Stettin. ...*
*Schade, daß man so ein nettes Städtchen nur durchs Git-*

*ter sieht. Mit der Zeit lerne ich eine ganze Menge Gefängnisse kennen. Die Transporte sind das Schlimmste. Die Zellenwanzen sind ein Greuel für Jedermann. ... Ich hoffe aber, in ein paar Monaten mit Dir eine weit schönere Reise antreten zu können als es meine letzten waren.*

*Wie Du schon gemerkt haben wirst, wechselt meine Stimmung sehr häufig. Am wehesten ist es mir morgens um 6, wenn wir aufstehen, dann so gegen 5 am Abend, so zu der Zeit, wo Du immer zu mir kommst [vor der Deportation befand sich Hilmar im Polizeigefängnis von Stettin] und vor dem Einschlafen. Mit der Zeit gibt sich dies aber hoffentlich. Ich kann sogar schon wieder lachen.*

*Morgen ist nun Ostern. Schade, daß wir nicht zusammen sein können. Aber bestimmt nicht traurig sein. Vor allem darfst Du Dir nicht zuviel Sorgen meinetwegen machen. Denk an mein Glück, was ich immer bisher entwickelt habe und was mich hoffentlich auch jetzt nicht verlassen wird. Wenn Du nachher Pakete schicken kannst, wickle alles in Fußballzeitungspapier ein und beginne schon jetzt damit, zu sammeln. Verwende bitte auch die neueste Zeitung mit Frontberichten. Bis Dienstag, den 4.4. habe ich täglich die B.Z. bekommen. Von da ab nicht mehr.*

*Nun muß ich Schluß machen, ... Wann Dich diese Zeilen erreichen, weiß ich nicht. Vielleicht kann ich aus Breslau noch mal schreiben. Also auf baldiges Wiedersehen, und vor allem schone Dich und pflege Dich für mich, damit ich nachher keine sorgendurchfurchte alte Frau vorfinde!*

*Herzlich grüßt und küßt Dich und unser Kläuschen Dein Dich über alles liebender Hilmar*

Der nächste Brief wurde fünf Monate später, im September, aus dem Arbeitslager Sosnowiec geschrieben, das 75

Kilometer nördlich von Auschwitz lag.[2] Er wurde wahrscheinlich an Brunhildes Chef, Ernst Garduhn, geschickt, ein anständiger, mutiger Nazigegner, der bereit war, die Briefe zu empfangen, solange der Umschlag nicht ihre Herkunft verriet. Brunhilde selbst hatte kein Recht, mit Hilmar zu korrespondieren, jedoch Frau Wailke als seine Adoptivmutter. Sie besaß auch das Recht, Pakete zu schicken, für die Brunhilde aufkam.

Der Brief war an Frau Wailke adressiert. Zu diesem Zeitpunkt war sie verantwortlich für die Küche in einem Altenheim in Zinnowitz auf Usedom, nahe bei Stettin.

*Aus Deinem Absender entnehme ich, daß Du im Altersheim Zinnowitz tätig bist. Du hast ja wohl eine Beschäftigung, die Dir liegt. Als ich so schwer krank war, habe ich es so recht vermißt, nicht von Dir gepflegt werden zu können. Auch Horst macht mir Sorgen, hoffentlich ist ihm das Kriegsglück weiter treu geblieben. Ich seh' ihn immer noch vor mir stehen im Gefängnis. Ich werde es ihm nie vergessen, daß er mich dort aufgesucht hat und mir einen Abschiedsbesuch Brunhildes verschafft hat. Das ist nun schon sechs Monate her, die Zeit vergeht rasend schnell, und doch kommt das Ende zu langsam näher. Soll das noch über den Winter gehen? Das wäre für viele das Ende, denn hier ist es jetzt schon sehr kalt, und wir haben nur die Drillichanzüge an. Gott sei Dank konnte ich mir im Hauptlager ein paar Lederschuhe organisieren. Die Holzschuhe waren eine große Qual für die Füße. Wie ich mir eben mein Geschreibsel durchgelesen habe, habe ich festgestellt, daß ich mich nicht bedankt habe. Du mußt das schon entschuldigen. Ich danke Dir natürlich herzlichst für das Paket. Wie sehr ich mich gefreut habe, könnten Dir am besten die Kameraden erzählen, die dabei waren, als ich es erhielt. Es ist ein eigenes Gefühl, Dinge in der Hand zu haben, die die Mutter eingepackt hat, die guten Wünsche und lieben Gedanken glaubt man beim Auspacken und Essen förmlich zu fühlen. Ach Mutti, manchmal bin ich so traurig und habe solche Sehnsucht nach Euch und nach einem ordentlichen Heim. Ich will Dir nicht die Ohren volljammern und das Herz schwer machen, aber ich glaube, Du kannst es nur aus Erfahrungen nachempfinden, was es heißt, täglich aus so einem Blechnapf zu essen, auf einen Strohsack zu sinken, sich wochenlang Tag und Nacht im selben Hemd, und wer weiß wie lange in derselben Oberkleidung herumzuschleppen. Das sind so einige äußere Mängel, viel ärger sind aber die inneren. Vom Essen ganz zu schweigen, fehlen mir sehr Musik und etwas Literatur. Manche Nacht liege ich wach, und es gehen mir dann Melodien durch den Kopf, wie z.B. der Gefangenenchor aus Beethovens Fidelio oder Melodien aus Filmen, die in Gefängnissen spielten und aus denen die Sehnsucht nach der Heimat spricht. Man hat hier manchmal zuviel Zeit zum Denken, denn die Arbeit bedarf wohl der Hände und Füße, aber die Eintönigkeit bietet der Phantasie und den Gedanken großen Spielraum. Manchmal ist in einer alten Zeitung, die mir in die Hand kommt, eine kleine Geschichte oder ein Gedicht, das lernt man erst hier schätzen. Vor allem, wenn sie aus der Feder von Soldaten stammen, ist der Sinn doch so ganz aus unserem Herzen gesprochen. Die armen Kerle haben auch nichts zu lachen und setzen dazu noch ständig Leben und Gesundheit ein. Viele von uns, die sehr lange im KZ und viel Elend erlebt und gesehen haben, glauben ja auch nicht mehr daran, frei zu werden. Sie meinen, daß man uns nur so lange leben läßt, wie man unsere Arbeitskraft braucht. Ich aber glaube fest*

*an meine Befreiung, und der Glaube macht mich stark.*
*Dabei fällt mir noch ein Wunsch ein. Bitte lege mir doch*
*in eines der nächsten Pakete ein Neues Testament mit*
*Psalmen bei. Ich beneide die Juden um ihre strenge reli-*
*giöse Erziehung. Man erlebt hier in dieser Beziehung vie-*
*les, was zu denken gibt. Ich war ja nie ein ungemein reli-*
*giöser Mensch, aber in dieser Zeit hier ist so manche Er-*
*innerung wach geworden und mir manches Gebet in den*
*Sinn gekommen, das ich früher gelernt und als nutzlos*
*empfunden habe. Es ist ja altbekannt, daß man in der*
*Not viel leichter zu Gott findet als sonst, und es ist be-*
*schämend zugleich. Trotzdem aber hält der liebe Gott*
*seine Hand über mich, und vieles, was ich manchmal nicht*
*verstehen konnte, ist nachher so klar gewesen und so gut.*
*Zum Beispiel wollte ich am 13. zurückkehren und war*
*wütend und traurig, daß es verschoben wurde, am 14.*
*kam Dein Paket, und so geht es mir in vielem. Immer*
*wenn ich ganz verzweifelt bin vor Hunger, ist mir eine*
*unerwartete Hilfe zuteil geworden, und ich fühle dadurch,*
*daß alles wieder gut sein wird. Ich weiß auch, daß es*
*dann an mir sein wird, Gott meine Dankbarkeit zu be-*
*weisen, und ich bitte Dich daher schon heute, erinnere*
*mich stets an dieses Versprechen, wenn ich es später ver-*
*gessen sollte.*
*Mein Brief ist diesmal sehr lang geworden, aber es war*
*nötig, mir mal alles von der Seele zu sprechen, und nie-*
*mand versteht so etwas besser als eine Mutter, noch dazu,*
*wo Du doch selbst so viel Schweres durchgemacht hast.*

Der nächste Brief, der durchkommen sollte, war an Brunhilde und Frau Wailke gemeinsam adressiert und trug das
Datum vom 17. Oktober 1944.

*Meine liebe Brunhilde, liebste Mutti!*
*Dein lieber Brief vom 3.10. erreichte mich am 10. über*
*Auschwitz und hat mich unendlich glücklich gemacht.*
*Der einzige Wehmutstropfen im Freudenbecher war die*
*Mitteilung, die meinen lieben Bruder betraf. Hoffentlich*
*wendet sich auch das zum Guten [Horst war in Frank-*
*reich gefangengenommen worden]. ...*
*Durch Zufall habe ich jetzt einen polnischen Arbeiter*
*getroffen, dessen Bruder in Stettin lebt. Der Mann ist*
*bereit, alle meine Briefe und Pakete zu erhalten, doch*
*bittet er darum, daß sich jemand um seinen Bruder küm-*
*mert und ihn durch mich über dessen Ergehen benach-*
*richtigt. Ich hoffe, Brunhilde, daß Du dies erledigen*
*kannst. Vor allem ist nun die Gefahr geringer geworden,*
*daß der Briefschmuggel herauskommt. Denn wenn ihr*
*an mich über seine Adresse schreibt, könnt ihr immer als*
*Absender die Adresse seines Bruders angeben. Leider hat*
*sich der Franzose als Gauner entpuppt, denn er behaup-*
*tet noch immer, nichts für mich erhalten zu haben. Aber*
*das ist ja nun egal, Hauptsache ist doch, daß wir endlich*
*nach einem halben Jahr wieder Nachricht voneinander*
*haben. ...*
*Wir bekommen jeden Sonnabend Pakete. Es sind ja nur*
*wenige, die das Glück haben, einen arischen Verwandten*
*in Deutschland zu haben. ... Wie ich schon mehrfach*
*betonte, ist Brot die Hauptsache, deshalb lassen sich meine*
*Kameraden wöchentlich ein Brot schicken. Einfach in*
*Packpapier gewickelt und fertig.*
*Für Geld kann man hier alles haben: leichtere Arbeit,*
*bessere Decken usw. und natürlich auch Nahrungsmit-*
*tel. Wenn ihr mir monatlich 20-30 Mark senden könntet,*
*wäre es sehr gut, aber natürlich muß erst Brunhildes und*
*der Kinder Unterhalt sichergestellt sein.*

*Ferner möchte ich meinen blauen Rollkragenpullover und einen dieser möglichst dunklen Schals haben. Ich hoffe zwar, daß es nicht mehr über den Winter geht, aber auch jetzt schon ist es hier bitterkalt und die Erkältungsgefahr groß, wenn wir naßgeschwitzt aus der Fabrik nach Hause gehen. Meine rechte Lungenklappe ist noch nicht heil, aber das ist halb so schlimm. Seitdem ich Nachricht von Euch habe, geht es mir zusehends besser. Meine Kameraden behaupten, daß ich jetzt wohler aussehe denn je. ... Wenn es über den Winter gehen sollte, wird es zwar hart, denn das Essen wird dann noch knapper werden, dazu noch die Kälte, aber ich hoffe, mit Eurer Hilfe werde ich auch das schaffen. Bitte schickt den Pullover, den Schal und die Handschuhe an die von mir angegebene Adresse, Strümpfe bitte auch. Bei dieser Gelegenheit wäre mir lieb, wenn Brunhilde mir etwas zu lesen mitschicken könnte. Bücher und Hefte, aber nicht zu wertvolle, da sie ja nach dem Lesen doch verloren sind. Das Wertvolle aber bitte nicht auf den Inhalt beziehen. Reclam oder Ähnliches. Dann sende bitte auch Fotografien von Brunhilde und den Kindern. Lege bitte auch ein oder zwei Aufnahmen von mir bei, damit ich meinen Kameraden mal zeigen kann, wie ich mit Haaren und in Zivil ausgesehen habe. Dazu fällt mir ein, wie schön es wäre, einen kleinen Spiegel zu besitzen. Als letzte Bitte Briefpapier. ...*
*Ich hoffe nur, daß ich bald Briefe von Euch erhalte. Erzählt mir doch bitte endlich mal ausführlich, ... wann, wie und wo mein Mädel zur Welt kam und wie sie heißt? Ich bin unendlich glücklich und stolz auf Dich, Brunhilde, daß Du alles so tapfer erträgst, und ich hoffe, daß ich bald bei Dir bin und für Dich und die Kinder sorgen kann. Was Mutti über den Jungen schrieb, ist rührend. Es ist zwar traurig, daß für Kläuschen sein Vater zur Zeit nur*

*auf dem Bild existiert, aber es ist mir doch ein Beweis
dafür, daß Ihr mit ihm von mir sprecht und mich also
nicht vergessen habt. ...*

*Es wäre unsinnig und kein großes Kunststück, in meiner
Situation Versprechungen und Besserungsbeteuerungen
zu machen, die Zukunft aber wird es Dir beweisen, Brunhilde, und auch Dir, Mutti, daß Ihr Eure Liebe nicht an
einen Unwürdigen verschwendet habt. Kummer und Sorgen habt Ihr durch mich genug gehabt. Macht Euch keine mehr, die Freiheit ist nahe, und dann werde ich dafür
sorgen, daß Ihr bald die schwere Zeit vergessen werdet.
Herzlich grüßt und küßt Euch Euer Hilmar*

Am 8. November schrieb Hilmar erneut:

*Ihr lieben Guten in der fernen Heimat!*
*Von großer Sorge befreit und sehr glücklich gemacht ha-
ben mich Eure Zeilen, die mich gestern mit dem Pullover
erreichten! Ihr seht also, daß diese Verbindung funktioniert. Deshalb wäre ich auch sehr dankbar, wenn Ihr seinem [des polnischen Freundes] Bruder irgendwie helfen
könntet. Er ist aus Stettin versetzt worden, seine neue
Adresse liegt bei. Am besten wäre es, wenn Ihr ihm
schreibt und ihn fragt, was ihm fehlt oder womit Ihr ihm
helfen könnt.*
*Von mir ist wenig zu berichten, gesundheitlich geht es
einigermaßen. Die Kälte macht mir zu schaffen, hoffentlich wird es jetzt durch den Pullover besser. Durch die
ewige Suppe habe ich neuerdings stark geschwollene Füße,
trete also auch in dieser Beziehung in Deine Fußstapfen.
Aber das wird alles wieder vergehen. Wenn wir nur erst
die Freiheit wiedergewinnen. Manchmal sieht es nicht so
aus, und unsere Stimmung gleicht immer mehr der eines*

*verlorenen Haufens. Ich gebe mich nach außen hin stets
als größter Optimist und rüttele damit meine Kameraden auf, manch schlaflose Stunde kämpfe ich mit mir
selbst und bete um Kraft zum Durchhalten. ...
Das Essen wird der allgemeinen Lage entsprechend natürlich auch für uns knapper, und ich sehe mit großen
Hoffnungen Eurem Paket entgegen. Leider kam diesen
Sonnabend nichts, und somit bleibt mir einstweilen nur
die Vorfreude. ...
Betreffs einer Arisierung möchte ich Dich bitten, nichts
zu unternehmen, da es nur Nachteile für mich bringen
kann, nie aber die Freiheit, weil ich ja Dank ... [unleser-
lich] Gemeinheit wegen Arbeitssabotage hier bin, so haben sie es mit allen hier gemacht, und manch einer, der es
geschafft hatte, zum Mischling erklärt zu werden, sitzt
nun hier mit rotem Winkel anstatt mit rotgelbem Davidstern.* *

---

*Alle Kategorien von Gefangenen, unabhängig von ihrer Nationa-
lität, erfuhren in Auschwitz die gleiche Behandlung. Doch wurden
sie durch verschiedenfarbige Winkel unterschieden, die auf der linken Seite der Oberbekleidung unter der Häftlingsnummer angebracht waren. Die Nationalität wurde mittels eines Buchstabens in
der Mitte des Winkels angedeutet (zum Beispiel P für Pole). Die Farben der Winkel, die die verschiedenen Kategorien anzeigten, waren
Rot (politische ›Schutzhäftlinge‹); Grün (›Kriminelle‹); Schwarz (›Aso-
ziale‹ [meistens Russen]); Rosa (Homosexuelle); Violett (Zeugen
Jehovas, Bibelforscher). Die Kennzeichnung der jüdischen Gefangenen unterschied sich nur darin, daß der Winkel, der in den meisten Fällen rot war, durch Hinzufügen eines kleinen gelben Winkels in einen Davidstern verwandelt wurde (siehe *The Holocaust,
Selected Documents in Eighteen Volumes*, Garland, New York,
1982, Band 11, Seite 233).
Ich bin verblüfft über Hilmars Hinweis auf »Arbeitssabotage«. Er
war formal zum Volljuden erklärt worden, was als Erklärung für
seine Anwesenheit dort völlig ausreichte. Es ist jedoch klar, daß er
Brunhilde und Frau Wailke bat, ihn nicht zusätzlich zu gefährden.

*Anders wäre es, wenn Du für mich die Schweizer Staatsangehörigkeit ergattert bekämest. Mir selber ist es damals fehlgeschlagen, wie Brunhilde wohl noch weiß. Ich selbst mache mir diesbezüglich keine Hoffnungen, sondern warte auf das Kriegsende, um dann mit Freuden zu ernten, was wir mit Tränen säten. ...*

*Horstel wird hoffentlich bald ein Lebenszeichen senden, um Dir diese schwere Sorge zu nehmen. So wie ich Horstel kenne, wird es ihm in Gefangenschaft nicht schlecht gehen. In Kriegsgefangenschaft kann man sein Los ja selbst bestimmen, im Gegensatz zu uns, die wir ja die ganze Kriegslast tragen.*

*Ein Pfeifchen besitze ich leider nicht, wäre Dir für ein solches sehr dankbar, ebenso für Zigarettenblättchen. Wenn Du die Wahl hast zwischen Tabak und Zigaretten, nimm letzteres, denn Tabak gibt es hier ab und an, doch frag nicht nach der Qualität, aber er qualmt. ...*

*Daß Stettin so kaputt ist und unsere Wohnung auch, hat mich auch nicht gerade froh gemacht. Auch wenn jede kaputte Stadt ein Schritt näher zum Sieg ist, so tut es mir doch leid, wenn ich daran denke, wieviele glückliche Stunden ich mit Brunhilde in der Schnellstraße 3 verlebt habe. Unser Wohnzimmer mit den roten Plüschmöbeln schwebt mir immer als Inbegriff der Heimat vor Augen.*

*Für Deine Bilder herzlichen Dank. ... Wir haben damals wohl beide gefühlt, daß es ein Abschied auf lange Zeit, vielleicht sogar für immer war. ...*

*Der Abschied von ihr im Gefängnis war schmerzhaft schwer, und die Stunden nachher waren mit die schwersten der seitdem vergangenen Zeit. Hoffentlich behältst Du recht damit, daß nach dieser Zeit eine bessere kommt. Gewinne ich nochmals die Freiheit, so brauche ich mir um die Zukunft bestimmt keine Sorgen zu machen. Aber werden wir nochmals frei werden? Ich will Euch lieber nichts mehr von hier erzählen, damit Ihr Euch keine unnützen Sorgen macht, aber glaubt mir, leicht ist es nicht. Daß Ihr schon an Weihnachten denkt, hat mich mit Grauen daran erinnert, wie nahe wir schon diesem herrlichen Fest sind und wie gering die Hoffnungen, bis dahin frei zu sein. ...*

*Für Deine Worte der Mutterliebe dank' ich Dir herzlichst. Glaub mir, auch ich werde bis hin zum Tode ein treuer Sohn bleiben, und die sorgenfreie Gestaltung Deines Lebensabends wird mir eine meiner heiligsten und liebsten Aufgaben sein.*

*Meine größte Dankbarkeit aber gilt Brunhilde. Es hat nicht Deiner Versicherung bedurft, um mich von ihrer Treue zu überzeugen. Ich weiß, daß zwischen uns beiden alles klar und eindeutig ist. Ich denke genau wie sie, daß Papier sehr geduldig ist, und will Euch deshalb nicht mit Beteuerungen und Versprechen langweilen. Wir wollen Gott bitten, daß er Euch und den Kindern Gesundheit und Leben erhält und mir bald die Freiheit schenkt.*

*Herzlich grüßt und küßt Euch in Liebe und Sehnsucht*

*Euer Hilmar*

## Axel

*Trotzdem, Charles, zapf für mich ein frisches, kaltes Bier,
wenn ich alt, grau und – wie heißt es in der Fachsprache? –
abgewirtschaftet irgendwann bei dir vorbeikomme in
Deauville auf dem Weg zum Tod. Und wenn du deine Ruhe
haben willst, weil du gerade dabei bist, die Sportzeitung zu
studieren, dann sag's dem Walter.*

Axel Arens, *Charles Schumann –
Eine Bar in München, ein Ort der Kultur*[1]

Zu Beginn meines Interviews mit Odette im Sommer
1989 erzählte sie mir, daß ihr Sohn Axel, ein begabter
junger Journalist, vor fünf Wochen Selbstmord begangen
hatte, nachdem er den Egon-Erwin-Kisch-Preis erhalten
hatte. Ich fand heraus, daß der Preis vom *stern* in Hamburg jährlich für die drei besten Magazinreportagen ver-
geben wird. Ich schrieb an den *stern* und bat um weitere
Informationen über Axel Arens.
Sie sandten mir zwei Zeitungsausschnitte.

*Er war ein guter Rennfahrer gewesen, danach ein sehr
guter Fotograf und zum Schluß einer der besten Schrei-
ber unter den deutschen Reportern: Axel Arens. Anfang
Juni wurde der Münchner für seine im FAZ-Magazin ver-
öffentlichte Reportage Manhattan, Brooklyn und Bronx:
Gott aber wohnt in Kalifornien mit dem Egon-Erwin-
Kisch-Preis ausgezeichnet, ... Arens erzählt darin die Geschichte eines leitenden Angestellten, der sich mit dem
Motorrad seinen Traum von der Freiheit erfüllt. Arens'
Traum war es, auch als Romanautor Erfolg zu haben.
Doch sein Erstlingswerk König Midas wurde ihm von
einem bekannten Verlag wieder zurückgesandt. Das ver-
stärkte die Depressionen, unter denen er zeitweilig litt.
Letzte Woche erhängte sich Axel Arens in seiner Woh-
nung. Er war 47 Jahre alt.*

*stern, 24. Juli, 1986*

*Er war Kinderstar (Die Lümmel von der letzten Bank).
Er war Rennfahrer (120 Rennen). Er war Star-Reporter
(Playboy, FAZ-Magazin, Transatlantik). Vor fünf Wochen bekam er den begehrten ›Egon-Erwin-Kisch-Preis‹
(15 000 DM). Sein erster Roman war fertig. Der Verlag
lehnte ab.*

*Axel Arens (47) erhängte sich am Fenster-Gitter seines Münchner Dachgeschoß-Apartments.*

*Der geschiedene Axel Arens (47), der für eine Story bis zu 5000 DM bekam, lebte als Einzelgänger. Er saß oft schweigend in der Münchner ›In‹-Bar ›Schumann's‹.*

*Immer besser wollte er schreiben. Aber je besser er schrieb, um so einsamer wurde er, ließ sich gehen, trank auch, lebte in Los Angeles (mit Playboy-Heimflugticket in der Tasche), war ein Freund des kaputten Kult-Dichters Charles Bukowski.*

*Midlife-Crisis?*

*Fred Baumgärtel (58, Playboy-Chefredakteur, Freund seit 25 Jahren) zu Bild: ›Er zweifelte an seiner Schreibe. Für eine Monte-Carlo-Story recherchierte er fünf Monate. An Aufträgen, an Geld kann es nicht gelegen haben. Er sollte für uns über Ibiza schreiben ... Wenn ich geahnt hätte ...‹ Ohnmacht.*

*Als Rennfahrer (Tourenwagen Formel 3) wollte Arens Weltmeister werden; bis zum Unfall. Als Fotograf (Quick) schmiß er die Kamera weg, als andere besser waren (er war ein Freund von Axel Springer jr.). Dann schrieb er. Statt 6 Seiten: 20. Verleger Heinz von Nouhuys (56): ›Er schrieb Geschichten, die wir bewundert haben.‹ ...*

*Textchef des FAZ-Magazins, Johannes Roth in seinem Nachruf: ›Er wollte ... nicht nur sehr gut sein, sondern noch besser, verzweifelt viel besser.‹ Er schrieb den Roman König Midas. Freunde jubelten. Nach einem Jahr kam vom Verlag das ›Nein‹. Arens sei zu unbekannt.*

*Depression. Er ging zum Arzt. Dann ging er zum Fenster.*

*Bild, 21. Juli, 1986*

Im Sommer 1990 besuchte ich Axels geschiedene Frau in

München. Monika Arens ist eine attraktive, gepflegte Frau, Eigentümerin einer teuren und ausgesprochen modischen Boutique. Sie hatte nach ihrer Scheidung den Kontakt zu Odette beibehalten und half ihr gelegentlich, wenn sie in ihren letzten Jahren etwas knapp bei Kasse war, einige ihrer Kostbarkeiten zu verkaufen. Odette hatte ihr vom Besuch des »kanadischen Journalisten aus Frankfurt« erzählt. Wie jeder, der Odette kannte, hatte Monika Arens ihre Schwiegermutter sehr gerne.

Jedoch nicht ihren Schwiegervater. Sie nannte Hanns Arens einen geborenen Versager, einen dickköpfigen Norddeutschen, ein schwieriger Mann, der in späten Jahren viele Freunde verlor, die er in früheren Jahren gewonnen hatte, darunter Erich Kästner und Luis Trenker.

»Wissen Sie«, sagte sie, »als Junge spielte Axel in einigen Kästner-Filmen, *Emil und die Detektive* und *Das fliegende Klassenzimmer.*« In dem Zeitungsausschnitt im *stern* hatte ich gelesen, daß er ein Kinderstar gewesen war.

»Er war entzückend«, fügte Monika Arens hinzu.

»Seine Eltern müssen stolz auf ihn gewesen sein«, meinte ich.

»Ja, seine Mutter, doch sein Vater nicht. Von Beginn an war er ein schrecklicher Vater. Zwischen ihnen spielten sich furchtbare Szenen ab. Odette verbrachte ihr halbes Leben damit, das Verhältnis zwischen Vater und Sohn zu glätten.«

Odette hatte in der Familie die Hosen an, meinte Monika Arens. Hanns Arens nahm niemals Notiz von den außergewöhnlichen Talenten seines Sohnes. In seinen letzten Jahren schrieb Axel für viele führende deutsche Zeitschriften, einschließlich *Die Zeit.*

Hanns Arens, sagte ich, muß neidisch auf seinen Sohn gewesen sein.

»Er hat ihn nie verstanden. Er wollte, daß er Drucker wird, nicht Autor. Drucker! so daß sein Sohn wenigstens etwas mit Büchern zu tun gehabt hätte, um das Gesicht des Vaters zu wahren. Axel begann mit fünfzehn zu trinken und verließ bei der ersten Gelegenheit das Elternhaus.«

»Arme Odette!«

»Ja, arme Odette. Doch sie liebte Hanns bis zuletzt. Ich glaube, es war eine ausgezeichnete Ehe. Sie führten ein glückliches Leben.«

Das war auch mein Eindruck gewesen.

»Ich nehme an, 1939 war für jeden das falsche Jahr, um auf die Welt zu kommen«, bemerkte ich. »Ich bin sicher, daß Odette überhaupt keine Zeit für ihn hatte, als Axel während des Kriegs noch sehr klein war.«

»Wahrscheinlich nicht. Kein Wunder, daß er manisch depressiv wurde. Und wenn er deprimiert war, konnte er nicht eine Zeile schreiben. Er unternahm schreckliche Anstrengungen, um mit dem Trinken aufzuhören, und war ein ganzes Jahr lang in Behandlung. Sieben Jahre lang rührte er tatsächlich keinen Tropfen Alkohol an. Sein Vater trank auch zuviel und war ein zwanghafter Raucher.«

Ich sagte, daß ich noch kein Foto von Axel gesehen hätte, aber sie besaß keines, das sie mir zeigen wollte. Er war ein kleiner Mann, sagte sie, zierlich und bei Frauen sehr erfolgreich. Er war 35, als sie 1974 heirateten. Sie lebte ein Jahr lang mit ihm in Los Angeles, wo er ein Motorrad hatte.

Am Ende unseres Gesprächs fragte ich sie, ob sie glaube, daß Hanns Arens je Nazi war.

»Oh, nein, natürlich nicht«, sagte sie. »So eine Art Sozialist vielleicht, doch niemals Nazi.«

Ich erzählte ihr von der belastenden Korrespondenz mit
Hans Hinkel, die mir das U.S. Document Center in Berlin geschickt hatte.

»Messen Sie dem keine Bedeutung bei«, riet sie mir. »Die
Leute machten alles Mögliche in jenen Jahren. Schließlich mußten sie ihren Lebensunterhalt verdienen.«

Dann erzählte ich ihr vom Grund meines Interesses an
Odette. Ich erklärte, warum ich Odette während meines
ersten und einzigen Besuchs nicht eröffnen konnte, daß
ich ihr Halbbruder war. Ich sagte, daß ich gehofft hatte,
ihr bei meinem nächsten Besuch die Wahrheit sagen zu
können, und fügte, ohne dem eine besondere Bedeutung
beizumessen, hinzu, daß Odette nach der Definition der
Nazis natürlich auch *Halbjüdin* war.

Monika Arens schien darüber kein bißchen erstaunt zu
sein. »Sie hat immer die Partei der Juden ergriffen«, sagte
sie.

»Sie glauben also, daß sie etwas geahnt hat.«

»Natürlich nicht«, entgegnete sie mit einiger Erregung.
»Ich meine, Odette war eine kultivierte, zivilisierte Per-
son. Deshalb hat sie ganz selbstverständlich die Partei der
Juden ergriffen.«

## Der tiefste Abgrund

*Mutter Courage: Die armen Leut brauchen Courage. Warum, sie sind verloren. Schon daß sie aufstehn in der Früh, dazu gehört was in ihrer Lag. Oder daß sie einen Acker umpflügen, und im Krieg! Schon daß sie Kinder in die Welt setzen, zeigt, daß sie Courage haben …*

Bertolt Brecht, *Mutter Courage und ihre Kinder*[1]

AM 27. APRIL 1944, einen Monat nach Hilmars Fest-
nahme, wurde Brunhilde von der Gestapo vorgeladen.
Sie erwartete im Juni ihr zweites Kind. Gestapobeamter
Schamphals, der Mann, der Hilmar verhaftet hatte, war
unter denen, die sie ins Kreuzverhör nahmen. Er sagte
ihr unter anderem, daß deutsche Frauen sich nicht mit
Ausländern einlassen sollten.

»Hilmar ist Deutscher«, entgegnete sie.

Schamphals fiel keine passende Antwort ein.

»Übrigens«, sagte er, »was versuchten sie zu erreichen,
als sie beide nach Berlin fuhren?«

»Ich wollte darlegen, daß da ein Fehler vorlag.«

»Sicher«, stimmte Schamphals zu. »*Ihr* Fehler. Dafür
werden Sie an den gleichen Ort geschickt wie Ihr Verlobter. Nichts wäre passiert, wenn Sie zu Hause geblieben
wären.«

Er geleitete sie hinunter. Als sie auf der Straße waren und
ihm keiner zuhören konnte, änderte er den Ton.

»Wollen Sie mit der Straßenbahn zum Gefängnis?« sagte
er freundlich. »Oder wollen Sie lieber zu Fuß gehen?«

»Das ist mir alles gleich.«

Sie gingen zu Fuß zum Polizeigefängnis, wo sie in »Schutzhaft« genommen wurde.

Sie mußte sich mit vier anderen Frauen eine Zelle teilen,
die eigentlich für eine Person bestimmt war und nur eine
Pritsche und einen Stuhl enthielt. Außer ihr gab es noch
eine weitere schwangere Frau, eine Polin, deshalb durften diese beiden Frauen nachts die Pritsche – ein Holz-
brett, das tagsüber hochgeklappt wurde – benutzen. Die
elementarsten Toilettenartikel fehlten. Es gab weder Zahn-
bürste noch Zahnpasta, weder Seife noch Wäsche zum
Wechseln. Von ihrer Freundin Ursula Franke wurde Brunhilde einmal wöchentlich mit dem Notwendigsten ver-

sorgt, das sie dann mit den anderen Frauen teilte, die keinen Besuch bekamen. Einmal am Tag gab es Hofgang, bei dem die Frauen unter anderem auch das Lied *Horch, was kommt von draußen rein* singen mußten.

Die Wächter änderten von Minute zu Minute den Ton. Einen Augenblick nannten sie sie »mein Kind«, im nächsten brüllten sie sie an. »Ich muß zugeben, das hat ganz schön Nerven gekostet«, lachte sie, als sie sich an jene Wochen erinnerte. »Ein Wächter schielte und sah wie ein Henker aus. Ich zitterte immer, wenn er an meiner Zelle vorbeiging. Und es war nicht gerade angenehm zu wissen, daß Frauen nebenan aufgrund von ›Wirtschaftsverbrechen‹ geköpft wurden.«

Am zweiten Tag gab es Fliegeralarm. Die Frauen, darunter die Ehefrauen von Generälen und politischen Gefangenen, durften im Keller Schutz suchen. Die Männer mußten im Erdgeschoß bleiben.

Eines Morgens schrie sie einer der Wächter an, der oft mit ihr flirtete. »Bist du immer noch da? Glaubst du etwa, das hier ist eine Entbindungsstation?«

»Soll ich meine Sachen packen?«

»Halt deine Schnauze!« brüllte er, daß ihn jeder hören konnte.

Am nächsten Morgen kam er wieder.

»Ich bin immer noch da«, sagte sie rührselig zu ihm. »Bitte, vergessen Sie mich nicht.«

Am folgenden Tag kam er noch einmal.

»In einer Stunde bist du draußen«, fuhr er sie an, »oder woanders!«

Brunhilde wurde freigelassen. Nach dreieinhalb Wochen Gefängnis.

Am 19. Juni wurde Gudrun geboren. Im September lud

die Gestapo Brunhilde zu einem zweiten Verhör vor. Wieder war Schamphals dabei. Vor ihm lag ein Brief des SS-Obersturmführers Pachow vom Hauptquartier der Gestapo in Berlin. Wenn Brunhilde bestätigen könne, daß ihr unbekannt war, daß Hilmar »Volljude« war, bevor er dazu erklärt wurde, würde sie nicht in die »Schutzhaft« zurückkehren müssen.

»Ich bin glücklich, ihnen dies bestätigen zu können«, verkündete Brunhilde ohne Zögern. »Ich wußte es nicht, und Sie ebensowenig.«

Schamphals bemerkte die Logik ihrer Antwort nicht. »Sie müssen hier unterschreiben, daß Sie von nun an nichts mehr  mit ›Volljuden‹ zu tun haben werden. Und ebensowenig mit irgendwelchen ›Mischlingen‹. Falls Sie sich weigern sollten, haben sie eine schwere Anklage zu erwarten.«

»Ich sagte mir, diese Leute sind wirklich Idioten«, erinnerte sich Brunhilde. »Erst erklären sie Hilmar zum ›Volljuden‹. Folglich sind unsere Kinder ›Mischlinge‹. Dann wollen sie, daß ich mit ›Mischlingen‹ nichts mehr zu tun habe. Sie sind verrückt. Deshalb sagte ich, ist in Ordnung, ich unterschreibe gern. Und glücklich unterzeichnete ich.«

Hilmar hat nie erfahren, daß ein Gericht in Fürstenberg an der Oder am 20. Dezember 1944 seine Adoption offiziell annulliert hat. Brunhilde vermutete, daß dies auf Veranlassung von Frau Wailke geschehen war, die das Ganze aufgerührt hatte. Die Urkunde erklärte, daß an der Annullierung der Adoption ein »dringendes öffentliches Interesse bestehe«, da kurz vorher nachgewiesen worden wäre, daß der Mann entsprechend der in den Nürnberger Gesetzen vom 14. November 1935 festgelegten Definition Jude sei. Sein Name lautete von nun an Robert Alfred Hilmar *Netter*.

1989 schrieb ich nach Auschwitz und bat um Informationen. Ich nannte beide Namen, Wailke und Netter. Mir wurde auf polnisch mitgeteilt, daß die Akten des Staatlichen Museums in Auschwitz keinen der beiden Namen enthielten (weil, wie ich annehme, Hilmar in einem der Arbeitslager bei Sosnowiec gewesen war). Doch dann erfuhr ich, daß er in den Dokumenten des Archivs vom Konzentrationslager Mauthausen als Hilmar Wailke, Drogist, mit der Nummer 125722 aufgeführt war.[2] Er wurde als »Dr. Jude« beschrieben.

War das ein Deckname? Er macht aber auf jeden Fall deutlich, daß Hilmar zweifellos als »Volljude« angesehen wurde.

Im Januar 1945, als sich die Rote Armee den polnischen Lagern näherte, wurden Tausende von Häftlingen nach Süden auf die sogenannten »Todesmärsche« getrieben. Wenige erreichten ihren Bestimmungsort, doch Hilmar überlebte knapp. Er kam am 2. Februar im Konzentrationslager Mauthausen an und wurde dort sofort in ein Krankenhaus gebracht.

Die Amerikaner befreiten Mauthausen am 5. Mai, doch Hilmar war zu krank, um das Krankenhaus zu verlassen, und hatte noch drei Monate zu leben. Er diktierte der Rot-Kreuz-Schwester Theresia Emesberger im Krankenhaus in Gusen, Teil der Anlage von Mauthausen, seinen letzten Brief.

*Mauthausen, den 14. Juli, 1945*
*Liebste Brunhilde, liebe Mutter und Ihr lieben Kleinen!*
*Als ich damals Abschied nahm von Euch, da habe ich*

*geglaubt, daß mein Leben zwei Chancen hat, entweder
der übliche Auschwitztod oder ein Wiedersehen nach dem
Kriege. Als ich nun durch Eure Liebe bis zum 18. Jänner
solch ein glänzend Leben führen konnte, da habe ich geglaubt, daß mir nichts mehr geschehen könnte, was aber
nun kam, hat die Welt erst jetzt durch amerikanische
Zeitungen gesehen. Aber das will ich Euch nicht erzählen. Man hat uns nach Mauthausen geschleppt. Von den
wenigen Überlebenden wurde ich gleich in ein Hospital
gebracht. Dort lagen wir mit fünf Mann in einem Bett
und bekamen 3/4 Liter sehr schlechte Suppe und für fünf
Mann ein Brot und ein kleines Stückchen Wurst, etwas
Margarine, am Sonnabend etwas Käse oder Quark. Mit
einem halben Liter Kaffee ist die Tageskost um 11 Uhr
abgeschlossen, und so langsam starb einer nach dem anderen. Das ging so und verschlechterte sich, bis auf zwanzig Mann ein verschimmeltes Brot kam, bis endlich zu
meiner Freude am 8. Mai die Amerikaner die Küche über-
nahmen. Für mich ist es aber fast zu spät, bei noch so
gutem Essen will es mir nicht gelingen, wieder zu Kräften
zu kommen. Durchfall und hohes Fieber stoßen mich
immer wieder um, und jetzt ist es soweit, daß ich selber
Angst habe, Euch niemals wiederzusehen. In den letzten
Tagen habe ich um 40 Grad Fieber gehabt, viel geschwitzt,
und die Amerikaner gaben keinerlei Tabletten, zum Glück
aber, mit meinen eigenen Tabletten, bin ich hier auf 37,7
Grad heruntergekommen. Das heißt, meine Tabletten allein hätten das nie geschafft, sondern die Liebe und all
der Wille, mir zu helfen, hat es geschafft, wenn ich jemals
am Leben bleibe und in Eurem wie der Schwester Interesse hoffe; wenn es trotz allem Kämpfen doch zum Tode
käme, dann seid versichert, daß ich bis zur letzten Sekun-
de an Euch gedacht habe. Hier besitze ich nichts; was ich*

*in Stettin besitze, ist notariell festgelegt, und, liebe Brun-*
*hilde, ich hoffe, daß Du durch die Russen nicht all zuviel*
*Schwierigkeiten gehabt haben wirst, und erziehe mir die*
*Kinder in unserem Sinne, und Deine Mutter wird Dir ja*
*auch helfen. Die Adresse der Schwester findest Du im*
*Briefe, sie wird Dir mitteilen, alles was über die letzten*
*Wochen wissenswert ist über mich. Nun lebe wohl. Der*
*Brief ist mir sehr schwer geworden, aber es mußte sein.*
*Alles was Du an Liebe, Herzlichkeit und Zärtlichkeit in*
*den letzten Worten finden kannst, ist in den letzten Näch-*
*ten erträumt, erdacht und erlitten. Also, lebe wohl,*

*Euer Hilmar*

Acht Tage später, am 22. Juli 1945, starb Hilmar. Es dauerte dreizehn Monate, bis Brunhilde und Frau Wailke davon erfuhren.

Am 22. Februar 1951 machte die Rot-Kreuz-Schwester
Theresia Emesberger vor dem Gericht in Mauthausen
folgende Zeugenaussage:

*Ich wurde am 8.5.1945 von der Gemeinde Mauthausen*
*beauftragt, als Deutsche Rot-Kreuz-Schwester im ehema-*
*ligen Konzentrationslager Gusen, das ist ein Nebenlager*
*des Konzentrationslagers Mauthausen, als Krankenschwe-*
*ster Dienst zu versehen. In meinem Block, in dem ich als*
*Krankenschwester zur Betreuung der Kranken berufen*
*war, befand sich auch Wailke, Hilmar. Er war an TBC*
*erkrankt. Wailke starb vermutlich am 22. Juli 1945. Mit*
*Bestimmtheit vermag ich den Todestag nicht anzugeben.*
*Er wurde in Gusen auf dem Lagerfriedhof beerdigt. Kurz*
*vor seinem Tode, es dürfte etwa acht Tage vorher gewe-*
*sen sein, diktierte er mir einen Brief an seine Braut und*

*an seine Mutter. Adressiert war der Brief an seine Mutter.
Wie die geheißen hat, weiß ich nicht mehr. Ich erinnere
mich, daß sie lediglich eine Ziehmutter gewesen ist. Ich
glaube, sie hieß Wailke und war die Witwe eines Pastors.
Seine Braut hieß Brunhilde.*

*In diesem Brief schilderte Wailke seine Erlebnisse im KZ.
Ich weiß noch, daß in dem Brief enthalten war, daß er
seine Braut Brunhilde gebeten hat, seine zwei Kinder in
seinem Sinne zu erziehen. Ich habe dann die Briefe, als
der Postverkehr mit Deutschland wieder offen war, glaube ich, an die Mutter, Frau Wailke, abgesandt und habe
darin auch den Todestag angeführt. Vor diesem Brief erklärte mir Wailke wiederholt, daß er Brunhilde zu ehelichen beabsichtige. In seinen Erklärungen kam stets zum
Ausdruck, daß er sie schon wegen der zwei Kinder, an
denen er scheinbar sehr hing, ehelichen werde.*

*Der Tod Wailkes wurde nicht beurkundet. Es starben
damals in dem Nebenlager Gusen des KZ Mauthausen
täglich 20-30 Personen. Ich war ursprünglich der Meinung, daß die Amerikaner den Tod der Personen beur-
kunden werden. Erst später brachte ich in Erfahrung, daß
dies nicht stattgefunden hat.*

*Es ist mir auch erinnerlich, daß Wailke mir erzählte, daß
er eigentlich Netter heiße. Er erzählte mir, daß sein Vater
ein afrikanischer Offizier gewesen sei und seine Mutter
eine Jüdin. Seine Mutter habe ihn dann an die Pastorsfamilie Wailke abgegeben und habe dieser eine größere Geld-
summe abgeführt. Die Pastorsfamilie hat dann ihn scheinbar adoptiert. Er äußerte auch den Wunsch, wenn er wieder zurückkomme, werde er dann seine Mutter suchen.* \*

---

\*Es scheint, daß Hilmar den Brief von Ketty Rikoff über den Tod
seiner Mutter 1922 völlig vergessen hat. Oder die Schwester, die

Am 27. Februar 1945, als die Russen weiter nach Westen vordrangen, floh Brunhilde mit ihren beiden Kindern von Stettin zu Frau Wailke nach Zinnowitz auf der Insel Usedom, in der Nähe von Stettin, wo Frau Wailke für die Küche in einem Altenheim verantwortlich war.

Bald erreichten die Russen Zinnowitz und verhafteten Frau Wailke umgehend. Sie verbrachte eine Nacht in einer Zelle. Eine ukrainische junge Frau namens Olena hatte Mitleid mit ihr und entlastete sie, welchen Verdacht die Russen auch immer gehabt haben mögen. Olena wußte nicht, daß sich Frau Wailke über sie geärgert hatte, bevor die Russen kamen, »weil sie faul war«, und daß sie das Arbeitsamt aufgefordert hatte, Olena in ein Arbeitslager zu schicken, obwohl sie gerade einen Schwangerschaftsabbruch hinter sich hatte. Wie gewöhnlich hatte die Behörde Frau Wailkes Beschwerde ignoriert.

Nach vier Wochen in Zinnowitz wurden Brunhilde und die Kinder sowie alle anderen Flüchtlinge vom Festland angewiesen, die Insel zu verlassen. Es gab nicht genug Lebensmittel für sie. Ein Bauer in der Nähe des Dorfes Hornbeck in Schleswig-Holstein bot ihnen Unterkunft als Gegenleistung für Brunhildes Hilfe auf dem Hof.

Am 11. Juni streunten marodierende, mit Pistolen bewaffnete Polen durchs Land und plünderten. Sie stahlen Brunhildes ganze Habe – einschließlich der Dokumente, die hier zitiert werden – und ließen sie verstreut in einem nahen Wald liegen, wo sie ein Förster später auflas, auf einem den Namen des Hornbecker Bauern entdeckte und sie Brunhilde zurückbrachte.

---

*Fortsetzung der Anmerkung von S. 206*
ihre Zeugenaussage sechs Jahre nach Hilmars Tod machte, erinnerte sich nicht mehr genau an seine Bemerkungen.

Nach einiger Zeit fand Brunhilde eine Stelle beim »Amt
für Ernährung, Landwirtschaft und Forsten«. Natürlich
hoffte sie, daß Hilmar am Leben war und eines Tages
nach Hause zurückkehren würde. Im Spätherbst schrieb
ihr Frau Wailke, die immer noch in Zinnowitz war, daß
sie verhungern würde, wenn ihr Brunhilde nicht helfe.
Brunhilde lud sie ein, zu ihr zu kommen. Sie kamen einigermaßen gut miteinander aus. Acht Monate später, im
Juli 1946, zogen sie zusammen nach Mölln, unweit von
Hornbeck. Dort erreichte sie im August die Nachricht
von Hilmars Tod. Danach verschlechterte sich die Beziehung zwischen ihnen sehr schnell. Ein lutherischer Pfarrer besorgte Frau Wailke ein Zimmer in einem Altenheim,
wo sie blieb, bis sie nach Pirmasens in der Pfalz umzog.
1951 setzte ein Anwalt in Mölln Brunhilde davon in
Kenntnis, daß ihre Kinder nach deutschem Recht An-
spruch auf den Besitz ihrer Urgroßmutter, Anna Netter,
hätten, auch wenn die alte Dame zum Zeitpunkt der
Testamentsverfassung nichts von deren Existenz gewußt
hatte. Natürlich hatte Brunhilde keine Ahnung, ob Anna
Netter überhaupt noch lebte, und falls ja, wo. Deshalb
stellte sie eine abenteuerliche Vermutung an, die sich erstaunlicherweise als richtig erwies. Weil Hilmar in Genf
geboren worden war, schrieb Brunhilde an die Genfer
Polizei. Sie fand heraus, daß Anna Netter erst kürzlich
gestorben war. Brunhildes Anwalt nahm sofort Kontakt
zu Anna Netters Anwalt in Genf auf, der an alle Erben
schrieb, einschließlich meiner Mutter in New York.

Horst war nach seiner Entlassung aus einem französischen
Kriegsgefangenenlager in Frankreich geblieben und zog
nach Romans in der Nähe von Valence, südlich von Lyon.
Pirmasens lag nahe der Grenze zu Frankreich, und Frau

Wailke wollte in seiner Nähe sein. Er heiratete eine Französin, sie hatten einen Sohn, und Horst wurde die rechte Hand des Eigentümers einer Gurkenfabrik.

Horst besuchte Brunhilde einmal. Sie erzählte ihm, daß sie glaube, daß Frau Wailke in gewisser Weise für Hilmars Tod verantwortlich sei. Er antwortete, daß er darüber nichts wisse und daß sie immer gut zu ihm gewesen sei. Später besuchte Gudrun ihn mehrmals in Frankreich. Er wollte nicht mit ihr über Hilmar reden und ließ auch keine Kritik an Frau Wailke zu. Er starb 1975 an Krebs. Gudrun war 1960 sechzehn Jahre alt. Sie hatte zu diesem Zeitpunkt bestimmt verstanden, was mit ihrem Vater geschehen war, und wollte Frau Wailke besuchen, um mehr herauszufinden. Doch Brunhilde meinte, daß bei einem solchen Besuch nichts Gutes herauskommen könne. Deshalb nahm sie Gudrun das Versprechen ab, erst nach ihrem 21. Geburtstag zu ihrer Großmutter zu fahren. Doch diese Gelegenheit bekam sie nie. Frau Wailke starb 1965, sie war Mitte siebzig.

1958 hatte sie an ihren Enkel Klaus eine Postkarte geschickt. Er war 15 und wollte wie sein Vater Drogist werden.

*Ich möchte Dir heute nur sagen, daß es mir eine große Freude ist, daß Du den gleichen Beruf gewählt hast wie Dein verstorbener Vater, Hilmar Wailke. In seinen frühen Jahren war Dein Vater nicht sehr groß, doch später wurde er groß und stark wie Dein Onkel Horst.*

*Haus Waldfrieden (Sammlung Mia von Maucler)*

## Das kleine Haus im Wald

*Ein schlechtes Gedächtnis ist im Leben einer Nation kein Heilmittel, sondern eine Droge. Und doch wird ein Volk oft zu dem betäubenden Stoff greifen, wenn es überleben will. Das Maß dessen, was man von der Vergangenheit behalten und in die neuen Fundamente einlassen will, ist begrenzt. Die moralische Bürde, die wir 1945 übernehmen mußten, war ungeheuer. Sie war wahrlich nicht unverdient, aber sie war zu schwer. Es hätte eines Riesengeschlechtes posthumer Propheten bedurft, um dies alles zu tragen und in fördernden Antrieb zu verwandeln. Aber nie ist ein Volk so überfordert worden wie das deutsche bei seinem Zusammenbruch. Wir mußten List, Geschicklichkeit und sklavischen Eifer aufbringen, um die materiellen Voraussetzungen für die Normalisierung des Lebens zu schaffen. Gleichzeitig aber wurde ein elementarer Ausbruch kollektiver Buße erwartet. Ein solcher Ausbruch wäre ein großes Ereignis, ja im Völkerleben ein einzigartiges Phänomen gewesen, aber es hätte eine Größe nötig gemacht, die dem Besiegten nicht möglich ist. Denn dem Besiegten ist alles erlaubt, was seine Lage erleichtert, jede Spitzfindigkeit, jede Verstellung und jede Ausgeburt einer schweigend nach dem Ausweg suchenden Phantasie. Aber Heroismus ist nicht seine Sache, und so ist es denn kein Wunder, daß viele von uns versuchten, die Last Deutschland von sich abzuschütteln.*

Friedrich Sieburg, *Die Lust am Untergang*[1]

IM JUNI 1944 zogen das Ehepaar Arens mit Axel und
der Baronin von Maucler nach Oberherrlingen in ein idyl-
lisches kleines Haus im Wald, in der Nähe des Schlosses.
Sein Name lautete *Waldfrieden.*
Im Oktober schrieb eine Freundin aus Berlin an Odette.
Die Innenstadt war bereits zur Geisterstadt geworden und
ächzte unter den ständigen Luftangriffen der Alliierten.

*Liebste Odette,*
*die Woge aus Oberherrlingen hat mich angenehm über-*
*spült, und ich danke vielmals dafür. Sie soll auch gleich*
*wieder zurückfluten. Ich habe mich sehr gefreut, soviel*
*Gutes und Erfreuliches von Euch zu hören. Die Haupt-*
*sache, daß Hanns Flieger geworden ist, erfuhr ich schon*
*durch Melchior. Es ist wirklich die Lösung für ihn, denn*
*abgesehen von den beruflichen Annehmlichkeiten kann*
*ihn von dort bestimmt niemand mehr holen.*
*Um das Haus beneide ich Dich brennend, denn ich bin*
*von diesem erstrebten Ziel noch leider recht weit entfernt.*
*Es muß reizend bei Euch sein, und ich freue mich schon*
*auf die künftigen garden parties. Ich sehe schon deutlich*
*die Lampions aus den Jasminzweigen leuchten, wir tan-*
*zen auf dem Rasen, der voll von Gänseblümchen steht,*
*die Kleider rauschen, und es gibt Kullerpfirsich und Bowle*
*mit Walderdbeeren. Na?*
*Nur gut, daß ich mein hübsches Gartenkleid evakuiert*
*hatte. Mutti wollte ihm neulich zu Leibe gehen und da-*
*raus ein Sommerkleidchen für Nikola schneidern, aber*
*ich habe es nicht gestattet. ...*
*In Berlin macht sich zur Zeit eine aufkommende Stim-*
*mungshausse bemerkbar. Die Frauen sind eleganter denn*
*je, die Feste dauern bis zum Morgen, und im wiederer-*
*öffneten Eden gibt es dauernd die schnuckeligsten klei-*

*nen Schweinereien. Wir teilen unsere Zeit gewissenhaft
zwischen Bunker, Schlaf, Swing und Sonnenbaden und
könnten es so noch hundert Jahre aushalten. ...
Also genießen wir (möglichst ungetrübt) die schönen Tage
und leben, als ob jede Stunde die letzte wäre, und das
kann ja auch nur zu leicht sein. ...*

Ich bin auf keinen Hinweis gestoßen, daß Hanns Arens
nach dem Krieg trotz seiner belastenden Korrespondenz
mit Hans Hinkel (den die Amerikaner festgenommen
hatten) und seines Vorschlags für *Unser Bekenntnis zum
Führer* jemals mit einem Entnazifizierungsverfahren kon-
frontiert wurde. Er war noch einige Male als Herausgeber tätig, doch wurde er nie wieder Verleger unter seinem
eigenen Namen.

Von 1944 bis 1952 befolgte Odette die unter gebildeten
Deutschen übliche Sitte, ein Gästebuch zu führen.[2] Dut-
zende von abreisenden Gästen hinterließen darin ihre
Namen oder Worte des Dankes für die erhaltene Gast-
freundschaft in Form von Versen oder Prosa, witzig oder
ernst, leicht oder schwer, originell oder konventionell.
Künstler steuerten amüsante kleine Zeichnungen bei. Viele
Stammgäste ihres Berliner Salons, einschließlich Peter
Flinsch, tauchten wieder auf.

Auffällig war Hans Hinkels Abwesenheit. Am Ende des
Krieges fiel Hinkel in die Hände der Polen, die ihn mit
dem Gestapo-Chef Hinkler verwechselten. Sie hielten ihn
jahrelang in Haft, verhörten ihn immer und immer wieder und schoben ihn schließlich über die deutsche Grenze ab. Er starb 1960 als kranker und gebrochener Mann.[3]
Ein neuerer Artikel über ihn war in erster Linie seinen
Tätigkeiten vor dem Krieg gewidmet, doch teilte er auch
folgendes mit:

*Anders als viele Ärzte, Juristen, Beamte und Künstler, die
kaum auf Schwierigkeiten stießen, den Übergang von der
Naziära zur westdeutschen Nachkriegssituation zu schaffen, führte Hinkel nach dem Untergang des Nationalsozialismus ein erfolgloses Leben. Er verfügte über kein tech-
nisches Geschick oder besondere Talente, die ihn unent-
behrlich gemacht hätten. Trotz seiner Erfahrung in der
Kulturverwaltung war er jedoch niemals mehr gewesen
als ein energischer Dilettant. Er hatte kaum etwas anderes im Leben gekannt als den Nationalsozialismus. Er
begann seine nationalsozialistische Karriere in den frühen zwanziger Jahren mit der Überzeugung, daß seine
Generation Deutschland retten würde, das Ende des Nationalsozialismus erwies ihn als Anachronismus. Als Hans
Hinkel 1960 starb, hatte das nationale Gedächtnis kaum
Platz für diese Alten Kämpfer. Deshalb ist es in gewissem
Grad ironische Gerechtigkeit, daß die Wiederentdeckung
von Hans Hinkels Rolle in der Geschichte das Ergebnis
neuerer Bemühungen ist, das Leben seiner jüdischen Opfer zu rekonstruieren und zu verstehen.*[4]

In Odettes Gästebuch wurden Feiertage (einschließlich
Hanns Arens' fünfzigsten Geburtstages 1951) sowie ein
Todesfall in angemessener Weise vermerkt. Es handelte
sich um den Tod der Baronin am 10. September 1947 im
Alter von siebzig Jahren. Sie wurde in Herrlingen begra-
ben – zufällig ganz in der Nähe des Grabes von Feldmarschall Erwin Rommel, der in Herrlingen gelebt hatte und
dort 1944 Selbstmord verübte. Im Oktober 1989 wurde
auch Odette Arens ganz in ihrer Nähe beerdigt.
Der Tod der Baronin wurde mit einer Trauerkarte be-
kanntgegeben, die mit einem kleinen Foto versehen war.
Hanns Arens fügte einen handschriftlichen Text hinzu:

*Immer bist Du gegenwärtig, immer unter uns, wie so oft
in all den Jahren. Und wenn Freunde und Gäste bei uns
sind, bist Du unter ihnen, und wir glauben dann, Deine
Stimme zu hören, Deine klug und gütig zugleich blitzen-
den Augen zu sehen. Du bist einbezogen in alle unsere
Gedanken und Pläne, und zu besonderen Stunden ver-
missen wir Deinen Rat und Beistand.*
*Du fehlst uns sehr! Und mancher der Freunde wird oft
nach Dir fragen, weil Du vielen nahe warst. Wir aber,
Deine Kinder, tragen Dich im Herzen für alle Zeit.*
*Alle Zeit denken wir an Dich in Liebe und Dankbarkeit.*
*Hanns & Odette & Axel, November 1947*

Dieses Bekenntnis wurde wohl mit aufgenommen, um die
Besucher, die das Gästebuch überflogen, wissen zu lassen, daß ihr Verhältnis zur Baronin – dem Anschein zum
Trotz – im Grunde harmonisch war.
Dies war bei weitem der feierlichste Eintrag in Odettes
Album. Im allgemeinen erforderte die gute Sitte Fröhlich-
keit und eine unerschütterliche Haltung, und man gab
sich alle Mühe, gute Laune an den Tag zu legen. Es gab
viele komisch-formelle Einladungen zu allen möglichen
Gesellschaften, einige mit Kostümen und zu Ausstellungs-
eröffnungen befreundeter Künstler. Es war offensichtlich,
daß in den unmittelbaren Nachkriegsjahren nur wenige
Teilnehmer dieser »Gesellschaftsspiele« genug zu essen
hatten – aber das war eher eine Quelle des Vergnügens
als der Klage. Es gab auch nicht genug zu rauchen, ein
beherrschendes Thema, denn Hanns Arens war ein lei-
denschaftlicher Raucher. Gelegentlich finden sich dank-
bare Verweise auf Camel-Zigaretten oder richtigen Kaffee, welches wahrscheinlich beides durch Besuche amerikanischer Soldaten beigesteuert wurde.

Die eleganten Gesellschaften dieser Boheme mußten im-
provisiert werden, und Odette wurde für ihre Findigkeit
sehr bewundert. Die Anwesenheit von Verlegern und Persönlichkeiten der Literatur unter ihrem gastfreundlichen
Dach zeugte wieder einmal von ihrer wirksamen Hand-
habung der Geschäftsangelegenheiten ihres Mannes. Auch
Verwandte des Feldmarschalls Erwin Rommel stellten sich
häufig ein. Ein anderer Besucher war der berühmte jüdische Emigrant Richard Friedenthal, der aus London her-
übergekommen war.[5] Er war Lyriker, ein Freund von Stefan Zweig und hatte eine Goethe-Biographie verfaßt. Einer der am wenigsten frivolen Beiträge im Gästebuch
stammt von dem bedeutenden Lyriker und Romancier
Hans Carossa [6]:

*Abendland, so reich in der Verarmung*
*Blick auf! Laß das Vergängliche vergehen!*
*Du weißt doch, daß in der oberen Sphäre*
*Nicht alles mitstürzt, was im Irdischen fällt.*
                                        *7. September 1949*


Hier folgen weitere Auszüge:
*Habe meinen Besuch hier bei Euch sehr genossen und*
*hatte eine wirklich schöne Zeit. Werde eines Tages einige*
*Zeilen schreiben. Viel Glück für Euch und für immer viel*
*Glückseligkeit.*
                                        *Taito/ 23. September 1945*


*In diesem gastlich freien Haus*
*Vergißt der Mensch das Weltgebraus,*
*Vergißt die Politik, die Sorgen,*

*Denkt nicht an Gestern, nicht an Morgen.*
*Denkt nur: Wie schön ist doch die Welt,*
*Wenn von Odette sie ist bestellt,*
*Und sendet dieses Dankbillet*
*Der Hausfrauenkönigin Odette.*
*Schlips/ 16. Februar 1945*

*Es gibt nur einen Reichtum, den inneren, und wie schön*
*ist das, wenn aus diesem ein Zuhause wie Odettes ent-*
*steht. Ich war sehr, sehr glücklich hier.*
*Lale Andersen/ 20. Juni 1947*

*Sie kam und schrieb auf der Stelle*
*Eine – hoffentlich akzeptable – Novelle!*
*Äpfel manschen, in der Sonne braten*
*Gehörte zu den weiteren Taten.*
*Besuch aus Berlin und Kaninchenstall*
*Waren nur ein Zwischenfall.*
*Von nun an hört man immer nur:*
*»Odette! Wo bleibt Kaffee und Zigarette?«*
*Das gastfreie Haus, Eure offenen Herzen*
*Vertreiben alle Sorgen und Schmerzen.*
*Ich scheide voller Dank und Glück:*
*Hierher kehr' ich bestimmt zurück!*
*Freia/ 27. Dezember 1947*

Am 8. und 9. November 1947 waren Hanns Arens und
Odette Gastgeber des zweiten Treffens der Gruppe 47,
einer losen Gruppierung jüngerer Autoren, der später auch
Ilse Aichinger, Ingeborg Bachmann, Heinrich Böll, Paul

Celan, Günter Eich, Hans Magnus Enzensberger, Erich
Fried, Günther Grass, Peter Handke, Uwe Johnson, Hermann Lenz, Peter Rühmkorf, Martin Walser und Peter
Weiss, kurz, die wichtigsten deutschsprachigen Autoren
der Nachkriegszeit angehören sollten. Ein wesentliches
Ziel dieser Gruppe bestand in der Vorbereitung einer literarischen Zeitschrift, die unter dem Titel *Der Skorpion*
regelmäßig ab 1948 erscheinen sollte. Außer einer Pro-
benummer, die Hans Werner Richter im Sommer 1947
drucken ließ, kam kein weiteres Exemplar heraus, da die
US-Militärregierung die Lizenzierung der Zeitschrift mit
der Begründung ablehnte, sie sei zu »nihilistisch«.[7] Ein
Literaturwissenschaftler, der Germanist Frank Trommler, beschrieb diese Gruppe als »nachgeholte Résistance«.[8]
Es gab häufige Kontakte zu den Zeitgenossen in Paris,
den Existentialisten um Jean-Paul Sartre. Viele Teilnehmer der Gruppe 47 schrieben über ihre »innere Emigration« während des Dritten Reichs.

Hans Werner Richter[9], die zentrale Figur der Gruppe 47,
sagte 1985:

*Wer im Nationalsozialismus wirklich mitgemacht hatte,*
*konnte nicht bei der Gruppe 47 sein! … Streng galt die*
*Regel: Wer im Dritten Reich mitgeschrieben hatte, wird*
*nicht eingeladen! …*[10]

Über Hanns Arens' Freundschaft mit Hans Hinkel und
seine Tätigkeit als Verleger und Publizist im Nationalsozialismus schien man sich keine Sorgen zu machen. Am
21. Juli 1944 hatte Hanns Arens in der *Nationalsozialisti-*
*schen Landpost* einen Artikel veröffentlicht, der unter dem
Titel *Jeder ist heute Soldat* Passagen wie diese enthielt:

*... Heute erleben wir einen Krieg, der bis in unser persön-*
*lichstes Dasein hineingreift, hart und unerbittlich. Er stellt*
*an uns Forderungen, die wir hinnehmen, die wir durch-*
*stehen müssen, wenn wir am Ende aus diesem Kampf als*
*freie deutsche Menschen hervorgehen wollen. Ich glau-*
*be, es wird heute keinen deutschen Mann geben, der nicht*
*bis zum äußersten seine Bereitschaft einsetzt! (Und jene*
*wenigen, die immer nur klagen und schwarze Fahnen*
*heraushängen, diese gräßlichen Weiber-Männer, das sind*
*die ersten, die Furcht haben, es könnte ihnen eines Tages*
*schlecht ergehen! Ihnen möchte man wünschen, von gan-*
*zem Herzen, daß sie einmal spüren, was es heißt: Knecht*
*sein für fremde Völker!!) Es geht jetzt ja nicht mehr um*
*irgendeine persönliche Zufriedenheit des einen oder an-*
*deren, es geht um das Leben des Volkes, es geht um das*
*Leben unserer kleinen Kinder, es geht um die Erhaltung*
*unserer eigenen Kraft und um die Lebensberechtigung*
*als freier Mensch, die der Feind uns so gern nehmen möch-*
*te, um ein leichtes Spiel zu haben! ...*[11]

Aber nicht jeder hatte dieses Verhalten vergessen. In einem Brief an den Verlag *Volk und Zeit* in Karlsruhe pro-
testiert der Bremer Verleger Hans Kasten am 14. April
1948 gegen den Abdruck eines Aufsatzes von Hanns
Arens:

*Sehr geehrte Herren!*
*Mit allergrößtem Interesse habe ich Ihre Zeitschrift im-*
*mer gelesen. Es interessierten mich besonders die Arti-*
*kel, in denen Sie Front machen gegen die Nazis. Nur mit*
*einem Artikel kann ich mich nicht einverstanden erklä-*
*ren; weniger wegen des Inhaltes, aber besonders wegen*
*des Verfassers. Es handelt sich um »Hanns Arens«. Die-*

*ser Herr, der zu den willfährigsten Reichsschrifttums-*
*kammerdienern gehört, hat nichts, aber auch absolut*
*nichts in einer sozialistischen Zeitschrift zu suchen. ...*
*Ein Mann, der im Mai 1944 (!) noch von dem Juden-*
*kommissar Hans Hinkel »Kamerad Hanns Arens« ge-*
*nannt wird, verdient, daß er endlich durch eine Spruch-*
*kammer für das Schrifttum unschädlich gemacht wird....*[12]

Ich sprach mit Hans Werner Richter 1992 in München,
kurz vor seinem Tod. Er erinnerte sich dunkel an das frü-
he Treffen im *Haus Waldfrieden,* erzählte mir jedoch, daß
Hanns Arens selbst kein Mitglied der Gruppe 47 gewesen war und auch niemals eine bedeutende Rolle in der
deutschen Literatur gespielt hat.

*Notizen von einem Treffen junger Schriftsteller*
*Das Haus lag inmitten rostroter Herbstfarben auf der*
*halben Höhe eines waldigen Abhangs. Drunten im Tal*
*drängten sich in Weiß, Hellgelb und Rosa die adretten*
*Spielzeughäuschen eines unzerstört gebliebenen schwä-*
*bischen Dorfes, aus dessen Kaminen bläulicher Rauch*
*der matten Novembersonne entgegenschwelte. Aber die*
*Menschen droben im Hause, junge Schriftsteller, Ange-*
*hörige einer literarischen Gruppe, die für wenige Tage*
*dort aus allen Zonen zusammengekommen waren, hat-*
*ten für die bunte Welt dort unten kaum einen Blick. Sie*
*saßen, in dünne und stechende Tabakschwaden eingehüllt,*
*in dem großen Zimmer im Erdgeschoß und hatten nur*
*Augen für ihre eigene Welt, eine geistige Welt, die sie vor-*
*einander und miteinander aufrichteten. Diese Welt aber*
*kontrastierte entschieden mit der in sanfter Harmonie ver-*
*gehenden Herbstlandschaft unter den Fenstern.*
*Das Haus war ein Musensitz mit Tradition. Die Gastge-*

*berin des Treffens hatte zwischen den Kriegen des öfte-*
*ren Schriftsteller von Rang und Namen bei sich gesehen.*
*An ihren Aufenthalt erinnerten sorgsam gerahmte Fotos*
*und eigenhändig geschriebene Sinnsprüche unter Glas,*
*die die Schmalseite des großen Zimmers schmückten. Aber*
*diesmal hatten die Gäste, die einer anderen Generation*
*angehörten, auch eine andere Atmosphäre ins Haus ge-*
*tragen. ...*[13]

Die an diesem zweiten Treffen der Gruppe 47 im Haus
von Odette und Hanns Arens teilnehmenden Personen
haben in folgender Reihenfolge ihre Signaturen auf einer
Seite in Odettes Gästebuch hinterlassen:

*Alfred Andersch, Herbert Zachäus, Walter Kolbenhoff,*
*Walter Heist, Christian von Tauchnitz, Dieter Wyss-*
*Sonnenburg, Wolfgang Bächler, Walter Hilsbecher,*
*Marlise Müller, Maria Friedrich, Isolde Kolbenhoff, Hans*
*Werner Richter, Toni Richter, Freia von Wuehlisch, Heinz*
*Friedrich, Franz Wischnewski, Hans Jürgen Krüger, Fried-*
*rich Minssen, Walter Maria Guggenheimer, Heinz Ulrich*
*und Ursula Severing* [14]

Am 2. Juni 1952 erschien diese Meldung in der *Donau-*
*Zeitung:*
*Hanns Arens geht nach Salzburg*
*Herrlingen. In dieser Woche verläßt der Schriftsteller und*
*Verleger Hanns Arens Herrlingen, das ihm nach seiner*
*Ausbombung in Berlin zehn Jahre Asyl bot, um eine lei-*
*tende Stellung in dem Verlage Otto Müller in Salzburg zu*
*übernehmen, ... Hanns Arens gehörte zu den geistig pro-*
*filiertesten Persönlichkeiten der Gemeinde. Seine Tätig-*
*keit strahlte weit ins Land hinaus. Von seinem Herrlinger*

*Heim »Waldfrieden« aus nahmen ungezählte Rundfunk-
vorträge, Literarturkritiken und Essays ihren Weg in die
Welt hinaus. Hier entstanden die Bücher über die Dichter Stefan Zweig und Karl Heinrich Waggerl, hier wurde
das schöne Märchenbuch von Dichtern unserer Zeit ge-
sammelt. Von hier aus wurden Verlagsprogramm und
Verlagsproduktion des Bechtle-Verlages in Eßlingen entwickelt, dessen Lektor Hanns Arens war und der sich in
verhältnismäßig kurzer Zeit zu einem der führenden deutschen Verlage emporgearbeitet hat. ... Mit Hanns Arens
verliert Herrlingen einen wertvollen Mitbürger.*

## Eine Zusammenkunft in Bühl

*Die Post brachte den Brief eines ehemaligen Bonner Professors, jetzt in London tätig, der beauftragt worden war, vorsorglich bei mir anzufragen, ob ich bereit sei, das mir unter Nazidruck abgesprochene Ehrendoktorat der Bonner Philosophischen Fakultät wieder anzunehmen. Meine Antwort lautete in natürlicher Versöhnlichkeit: »Aber gern!« – und barg den beruhigenden Hintergedanken, daß ja, was ich Anno 1936, anläßlich meiner nationalen und akademischen Exkommunikation, meinen Landsleuten und der Welt zu sagen gehabt hatte, der ›Bonner Brief‹ also, durch diesen restituierenden Akt gottlob nicht aus der Welt komme ...*

Thomas Mann, *Die Entstehung des Doktor Faustus*[1]

Im Sommer 1991 besuchten meine Schwester, mein Bruder, seine Frau und ich den jüdischen Friedhof in Bühl im
Schwarzwald bei Baden-Baden. Wir wollten nicht nur den
Netters, denen wir emotional verbunden waren, sondern
auch unseren Vorfahren, den Massenbachs und Kusels,
an deren Gräbern die Ehre erweisen. Wilhelm Massenbach war der Großvater unserer Mutter, und Fanny
Massenbach, geborene Kusel, deren Großmutter gewesen. Im Rathaus führten wir ein erfreuliches Gespräch
mit dem Historiker Herrn Jokerst vom *Stadtgeschichtli-
chen Institut*. Er hatte ein besonderes Interesse an der
Geschichte der Jüdischen Gemeinde und war mit Recht
stolz auf die Anstrengung, die die Stadt unternommen
hatte, um den Friedhof zu restaurieren. Ich nahm zwei
Veröffentlichungen mit nach Hause, eine über die Geschichte der Juden in Bühl und die andere über den jüdischen Friedhof. Ich bezweifle, daß Herr Jokerst jemals
jemanden getroffen hat, der so viele auf seinem Friedhof
beerdigte Vorfahren vorzuweisen hatte wie wir.
Im Juni 1993 erhielt ich einen Brief von Dionyss Höss,
einem Lehrer in Bühls bis dahin namenloser Realschule.
Er informierte mich, daß das 25jährige Jubiläum der Schule mit einer Umbenennung in *Carl-Netter-Schule* begangen werden sollte. Carl Netter (1864-1922) war ein großer Wohltäter der Stadt gewesen, und der von ihm und
seinem Bruder Gustav Adolf (Hilmars Großvater) gestif-
tete Park gegenüber der Schule ist bei den Schülern während der Pausen heute noch sehr beliebt. Es wurde Carl
Netters Name gewählt, um die wichtigen Beiträge, die
Juden zum Wohlstand der Stadt Bühl geleistet hatten, zu
unterstreichen. Vielleicht könnte der neue Name der Schule, schrieb Dionyss Höss, auch als bescheidenes Zeichen
im Kampf gegen rassistische Vorurteile dienen, die in be-

stimmten Teilen der Gesellschaft wieder auflebten. Er erinnerte mich daran, daß die Schule in der Massenbach-
Kusel-Textilfabrik untergebracht war, worauf wir aufmerksam gemacht worden waren, als wir zwei Jahre zuvor zu Besuch waren.

Ich schrieb sofort zurück und gab Dionyss Höss einige
Adressen von Netters in England, der Schweiz und den
Vereinigten Staaten.

Bald kam ein zweiter Brief an mit Details der Festlichkei-
ten, die für den 9. und 10. Oktober geplant waren. Sie
sollten aus einem Festakt bestehen, dem am Samstag
abend ein Schulball folgen sollte.

Als ich im Juli in Kiel war, erzählte ich Gudrun davon
und fragte sie, ob sie Lust hinzufahren hätte, schließlich
war sie eine Ur-Ur-Enkelin von Carl Netters Bruder Gustav Adolf und konnte mit vollem Recht eine Einladung
erwarten, selbst wenn keiner der gegenwärtigen Netter-
Generation – mit Ausnahme von zwei oder drei Mitglie-
dern der Familie Netter, mit denen sie in Verbindung stand
– jemals von ihr gehört hatte. Gudrun willigte sofort ein.
Tatsächlich erheiterte sie die Aussicht auf den Festakt sehr.
Ich freute mich besonders, denn wäre es mir nicht vier
Jahre zuvor gelungen, Brunhilde aufzuspüren, hätte eine
solche Begegnung nicht arrangiert werden können. Auch
für Brunhilde schien es besonders wichtig zu sein, daß
Hilmars Tochter an diesem bedeutenden Ereignis in der
Geschichte der Familie Netter teilnehmen sollte.

Am 11. Oktober 1993 berichtete das *Badische Tagblatt*,
daß der Bürgermeister von Bühl, Gerhard Helbing im
Namen der Stadt die aus New York, der Schweiz, aus
Kiel und München anläßlich der Feierlichkeiten für die
Umbenennung der Realschule angereisten Mitglieder der
Familie Netter in seinem Büro willkommen hieß. Dieser

Schritt war ohne Gegenstimme vom Stadtrat beschlossen worden, sagte Bürgermeister Helbing in seiner Begrüßungsansprache. Carl Netter war einer der hervorragendsten Söhne der Stadt Bühl gewesen.

»Das ist mehr als nur eine Geste«, sagte Gudrun Merelo de Barbera danach zum Reporter des *Badischen Tagblatts*, »dies gibt uns die Gelegenheit, uns gegenseitig zu begrüßen und kennenzulernen.«

Im November bekam ich einen Brief von Steve Nelson, einem alten Freund aus meiner Universitätszeit, dessen Mutter die Tochter Carl Netters war. (Er hatte seinen Namen von Hans Seligsohn-Netter zu Steve Nelson geändert, als er 1941 in die Britische Armee eintrat.) Er schrieb mir, wie glücklich er über seine neu gefundene Verwandte sei, und schickte mir ein Foto von sich und Gudrun, das bei einem gemeinsamen Abendessen gemacht worden war.

Von Gudrun hörte ich erstaunlicherweise kein Wort.

Schließlich schickte sie mir ein Fax: Brunhilde hatte Krebs. Einen Tag nach den Feierlichkeiten sollte ihr eine Gewebeprobe entnommen werden. Aus diesem Grund war Gudrun umgehend nach Kiel zurückgeeilt. Man fand heraus, daß der Krebs zu weit fortgeschritten war. Es war zwecklos zu operieren.

Am 3. Dezember 1993 starb Brunhilde.

## Epilog

Von dem Augenblick im Oktober 1988, als mich meine Schwester aus Washington anrief, hoffte ich, daß die aus Neugier unternommenen Nachforschungen eines Tages Früchte tragen und in ein Buch münden würden.

Zunächst glaubte ich, daß Unwissenheit ein Glück sei. Odette wußte *nicht*, daß sie »Halbjüdin« war; sie hat es niemals erfahren und ein glückliches Leben geführt. Hilmar wußte es und mußte sterben.

Doch worin bestand der Kausalbezug? Odette lebte keineswegs ein glückliches Leben, *weil* sie es nicht wußte, und Hilmar starb nicht, *weil* er es wußte. Offensichtlich funktioniert die Unwissenheit-macht-selig-Theorie nicht. Ich frage mich: War Hilmar wirklich nur »Halbjude«?

Obgleich es statistisch sehr unwahrscheinlich ist, kann man die Möglichkeit nicht ausschließen, daß er tatsächlich »Volljude« war – wenn eine Vergewaltigung vorlag und der Vergewaltiger Jude war.

Es gibt aber noch eine andere Möglichkeit: Falls es keine Vergewaltigung gab und Hilmar das Resultat einer Liebesnacht war, so kann der Liebhaber sehr wohl auch Jude gewesen sein. Somit wäre Hilmar in der Sprache der Nazis schließlich doch »Volljude« gewesen.

Ich entwickelte eine andere Theorie: Daß Diskretion vor allem Mut bedeutete. Odette überlebte, weil ihre Mutter ihren Mund hielt. Hilmar mußte sterben, weil seine Adoptivmutter eben dies nicht tat.

Doch diese Theorie ist auch nicht stichhaltig. Es gibt keinen Beweis, daß jemand Frau Wailkes Denunziationen ernstgenommen hätte. Hilmar wurde zum »Volljuden«

erklärt, unabhängig davon, was sie über ihn sagte. Der Grund, warum Hilmar im September 1939 von der Wehrmacht abgelehnt wurde, war nicht das Unheil, das Frau Wailke anrichten wollte, sondern sein Unvermögen nachzuweisen, daß sein Vater »Arier« war. Was immer Frau Wailke auch sagte, sie hatte – wie sich herausgestellt hatte – keine Verantwortung für Hilmars Tod. Er hätte der Deportation nur entgehen können, wenn er in den Untergrund gegangen wäre. Aber diese Möglichkeit stand nie zur Debatte.

Und was ist mit der Diskretion der Baronin? War sie mutig?

Kaum. Die Herkunft ihrer Tochter zu verraten hätte Odette gefährdet und gleichzeitig ihre eigene »niedere Herkunft« offenbart. Wie leicht hätte sie zum Beispiel 1941 an einem Abend im Salon ihrer Tochter zuviel Champagner trinken und in Gegenwart von Hinkel oder einer anderen gefährlichen Person ausplaudern können, daß der Vater ihrer Tochter keineswegs Baron von Maucler war, sondern der größte Springreiter, den sie jemals gekannt hatte, nämlich der stattliche und wohlhabende Otto Koch – der übrigens zufällig Jude war.

Nicht jeder vertrat Reichsmarschall Görings Ansicht, der bei mehr als einer Gelegenheit ausgerufen haben soll: »Ich entscheide, wer Jude ist und wer nicht!« – Nein, die meisten Nazis glaubten an die Wissenschaft – an *ihre* Wissenschaft.

Die Baronin beging jedoch nie einen solchen Fehler.

Dann spielte ich mit einer dritten Theorie: Einige Leute haben Glück, andere Pech. Odette hatte Glück, Hilmar Pech.

Doch hatte Hilmar tatsächlich vorwiegend Pech?

Sein Glück hielt beinahe vier Jahre, von Februar 1940,

als der erste Transport mit Juden Stettin in Richtung Polen verließ, bis 1944, als er zum »Volljuden« erklärt wurde. Er kannte niemanden, der zu ihm gesagt hätte: »Geh
in den Untergrund, oder du bist verloren!«
War das Pech?
Nein, das war Teil seiner Situation. Ich mag die Glücks-
theorie nicht. Sie ist zu oberflächlich und wirft zu viele
unbeantwortbare Fragen auf.
Keine dieser Theorien klingt plausibel.
Was lehrt uns also dieses Buch?
Ich weiß es nicht. Vielleicht, daß kein Wort die »Rassengesetze« der Nazis und die Art ihrer Ausführung ange-
messen beschreiben kann. Und daß die Welt besser wäre,
wenn jeder so liebevoll, bescheiden, mutig und freimütig
wäre wie Brunhilde.
Doch ich bin nicht einmal sicher, ob ich weiß, was uns
Hamlet lehren soll.

# Anmerkungen

*Prolog*
1. In: *Spiegel Special*, Sonderausgabe über Juden und Deutsche, Februar 1992, S. 112.
2. Dies war ursprünglich ein Eintrag am 24. März in Bindings Kriegstagebuch. Später wurde es gesondert in einem Zeitschriftenartikel veröffentlicht. Rudolf Binding, *Gesammelte Werke*, Bd. 1, Frankfurt/M. 1927, S. 55, und *Zwei Jüdische Offiziere im Großen Kriege*, in: *Der Jude*, Sondernummer, Jüdischer Verlag, Berlin 1925, S. 110.
3. Trotz seiner Mitgliedschaft in der *Preußischen Akademie der Künste, Sektion Dichtkunst*, fiel Binding schon bald in Mißgunst. Er wurde nie Mitglied der Partei; sein aristokratischer Idealismus war mit der Parteilinie nicht zu vereinbaren. Binding forderte ein hohes Niveau der Akademie und verlor seinen Sitz im Preiskomitee, weil er anscheinend zu oft Autoren mit jüdischem Hintergrund für Auszeichnungen und Preise vorgeschlagen hatte. 1935 lautete sein Vorschlag Robert Musil. Binding protestierte zwar scharf gegen dessen Ablehnung, entschuldigte sich aber trotzdem in einem Brief an das *Preußische Ministerium für Wissenschaft, Kunst und Volksbildung*: »Ich beeile mich, Ihnen mitzuteilen, daß ich feststellen werde, ob Musil jüdischer Abkunft ist, und daß ich in diesem Falle in kürzester Zeit einen anderen Namen unterbreiten werde.« Er schlug dann Ina Seidel vor (vgl. Joseph Wulf, Kultur im Dritten Reich – Literatur und Dichtung, Frankfurt/M. 1989, S. 104).
4. Brief von Rafael Weiser, Leiter der Abteilung Manuskripte und Archive, vom 20. Juni 1989.
5. Das Dokument ist mit dem 19. Januar 1925 datiert und wurde im Hotel Kurhaus in Davos verfaßt.

*Ein Anruf aus Washington*
1. In: *The New Yorker*, 17. Oktober, 1988, S. 83.

2. Ebenda.

*Odette*

1. Leila von Meister, *Gathered Yesterdays*, London 1963, S. 146.
2. Dr. Richard Koch (1881-1949), *Memoiren*, Bd. 1 (unveröffentlicht). Diese Memoiren wurden in Essentuki im Kaukasus geschrieben, wo Richard Koch nach seiner Emigration in die Sowjetunion ein Sanatorium leitete. Er mußte nach der deutschen Invasion 1942 aus Essentuki fliehen und begann unter einfachsten Bedingungen, an seinen Memoiren zu arbeiten.
3. Erich Pfeiffer-Belli, *Junge Jahre im alten Frankfurt und eines langen Lebens Reise*, Wiesbaden 1986, S. 94.
4. Brief vom 7. Juli 1926 an Viktor Fleischer.
5. *Manuskripte, Briefe, Dokumente von Scarlatti bis Strawinsky*, Katalog der Musikautographensammlung Louis Koch, Stuttgart 1953.
6. Richard Koch, a.a.O.
7. John C.G. Röhl, *Wilhelm II.: »Das Beste wäre Gas!«* In: *Die Zeit*, Nr. 48, 2.12. 1994.
8. Richard Koch, a.a.O.
9. *Jahrbuch der Millionäre in Hessen-Nassau.*
10. *Festschrift 1175 Jahre Geisa*, Fulda 1992.
11. Richard Koch, a.a.O.
12. Er war zuvor verheiratet gewesen; seine erste Frau und ihre gemeinsamen Kinder waren in New Orleans. 1937 gab eines dieser Kinder meinem Bruder ein Affidavit für ein Visum für die Vereinigten Staaten. Als er dort ankam, fand er auf dem Kaminsims ein Portrait von Onkel Louis.
13. Frankfurter Stadt-Archiv D62, Nr. 36, 22. November 1811.
14. Richard Koch, a.a.O.
15. Rudolf Binding, *Gesammelte Werke*, Bd. I, Frankfurt/M. 1927, S. 54f.
16. Vgl. Freiherren Friedrich und Eugen von Maucler, *Im Dienst des Fürstenhauses und des Landes Württemberg – Die Lebenserinnerungen der Freiherren Friedrich und Eugen von Maucler (1735 – 1816)*, Stuttgart 1985.

*So haben wir das damals gemacht*
1. Dies wurde mir in einem Brief vom 2. März 1989 von der Stadtverwaltung bestätigt. Das Sanatorium ist jetzt das Hotel Derby.
2. Brief von Dr. Hanspeter Krellmann, Chefdramaturg der Bayerischen Staatsoper, vom 31. Juli 1989.
3. Brief vom Österreichischen Staatsarchiv vom 21. September 1989.

*Nun gut, dann kommen Sie morgen zum Tee*
1. Vgl. Freiherren Friedrich und Eugen von Maucler, a.a.O.

*Kiel, Anfang Juli 1989*
1. Elias Canetti, *Die Provinz des Menschen – Aufzeichnungen 1942 – 1972*, Frankfurt 1978, S. 67.
2. Kopie des Originaldokuments, beglaubigt in Genf am 24. Juni 1950.
3. Brief der ehemaligen Sozialarbeiterin Ursula Hofmann vom 19. September 1990 aus Frankfurt/M.

*München, Ende Juli 1989*
1. Büchmann, *Geflügelte Worte*, München 1967, S. 603.

*Die Rasse Ihres Vaters?*
1. In: *Leo Baeck Year Book* 1989, S. 291.
2. Ebenda, S. 332.
3. Ebenda, S. 333.
4. Brief vom 19. September 1990.
5. Bis heute ist kein eindeutiger Befehl zur Vernichtung der europäischen Juden gefunden worden. Es ist viel wahrscheinlicher, daß sich dieses Ziel erst im Verlauf der Intensivierung der antijüdischen Maßnahmen ergab. »Die Deutschen wußten 1933 nicht, was sie 1935 oder 1938 machen würden. Bis 1941 war ja nicht einmal der in deutscher Korrespondenz als *Endlösung* bezeichnete höhere Vernichtungszweck formuliert. Doch die Richtung stand fest, geprägt durch immer schärfere und krassere antijüdische Maßnahmen.« (Raul Hilberg, *Unerbetene Erinnerung – Der Weg*

*eines Holocaustforschers*, Frankfurt/M. 1994, S. 56) Gleichwohl begann die systematische Vernichtung der jüdischen Bevölkerung in Europa spätestens 1941 mit den Massenerschießungen jüdischer Menschen auf dem Gebiet der Sowjetunion (vgl. Wassili Grossman/ Ilja Ehrenburg, *Das Schwarzbuch – Der Genozid an den sowjetischen Juden*, Reinbek 1994).

6. *The Holocaust: Selected Documents in Eighteen Volumes*, Bd. 8, New York, 1982, S. 7.

7. Vgl. Götz Aly und Karl Heinz Roth, *Die restlose Erfassung – Volkszählen, Identifizieren, Aussondern im Nationalsozialismus*, Berlin 1984, S.71.


*Herrlingen, Wiesbaden, Frankfurt, Berlin*

1. Golo Mann, *Deutsche Geschichte des 19. und 20. Jahrhunderts*, Frankfurt/M. 1975 (1958), S. 808f.

2. Landratsamt Alb-Donau-Kreis, *Alb-Donau-Kreis, Historische Ansichten*, Ulm 1985.

3. Carl Zuckmayer, *Als wär's ein Stück von mir. Horen der Freundschaft*, Frankfurt/M. 1966, S. 515.

4. Vgl. Asmand von Ishoven, *Udet*, Bergisch-Gladbach 1977, S. 291.

5. Ebenda, S. 338.

6. Carl Zuckmayer, a.a.O., S. 601.


*Die Angst im Nacken*

1. *The Holocaust: Selected Documents in Eighteen Volumes*, Bd.11, New York 1982, S. 216.

2. Philippe Burin, *Hitler und die Juden. Die Entscheidung für den Völkermord*, Frankfurt/M. 1993, S.153.

3. Eberhard Jäckel, *Die Konferenz am Wannsee*, in: *Die Zeit*, 24. Januar 1992.

4. K. Pätzold u. E. Schwarz, *Tagesordnung: Judenmord. Die Wannsee-Konferenz am 20. Januar 1942*, Berlin 1992, S. 71f.

5. Zitiert aus der Krankenakte der Hedwig Wailke, die vom 30.4. – 10.7.1941 geführt wurde. Die Akte liegt heute bei der Psychatrischen Abteilung des Christophorus-Krankenhaus in Ueckermünde.

*Hanns Arens*

1. Georg Christoph Lichtenberg, *Schriften und Briefe*, Bd. I (*Sudelbücher* Heft F, Nr. 614), Frankfurt/M. 1994, S. 544.
2. Ich bin dem ehemaligen *U.S. Berlin Document Center* [das Archiv wurde von den USA an Deutschland übergeben und untersteht jetzt dem *Bundesarchiv*] sehr dankbar dafür, daß man mir den Zugang zu den Briefen von Hanns Arens an Hans Hinkel ermöglichte, in denen dies erwähnt wird. Alle folgenden Zitate aus der Korrespondenz entstammen den bei diesem Archiv lagernden Akten der *Reichskulturkammer* (RKK:2100) und sind dort unter Hanns Arens erfaßt.
3. Einiges Material in diesem Kapitel stammt aus Alan F. Steinweis, *Hans Hinkel and German Jewry, 1933-1941*, in: *Leo Baeck Year Book* 1993, S. 209 – 219.
4. Vgl. Bundesarchiv (U.S. Berlin Document Center), *Reichskulturkammer*, Akte über Gustav Havemann.
5. Bundesarchiv, Berlin, RKK: 2100/ Hanns Arens.
6. Hanns Arens (Hg.), *Stefan Zweig im Zeugnis seiner Freunde*, München 1968.
7. Alan F. Steinweis, a.a.O. S. 213.
8. Hanns Arens, *Stefan Zweig im Zeugnis seiner Freunde*, a.a.O., S. 274.
9. Ebenda, S. 278.
10. Ebenda, S. 280.
11. Hanns Arens, *Die Befreiung der Jugend*, Schriftenreihe der Breisgauer Zeitung, Freiburg 1933, S. 14.
12. Bundesarchiv, Berlin, RKK: 2100/ Hanns Arens.
13. Ebenda.
14. Hans Hinkel, *Geleitwort*, in: Hanns Arens, *Die Befreiung der Jugend*, a.a.O., S. 5.
15. Ebenda, S. 4.
16. Bundesarchiv, Berlin, RKK: 2100/ Hanns Arens.
17. Ebenda.
18. Ebenda.
19. Ebenda.

*Suche und Nachforschung*

1. Franz Kafka, *Das Schloß*, Frankfurt/M. 1972 (1968), S.154f.

*Der Salon*

1. Marie Wassiltschikow, *Die Berliner Tagebücher der »Missie«
   Wassiltschikow 1940 – 1945*, Berlin 1987, S. 52.
2. Ebenda, S. 74.

*Sagen Sie, ist diese Frau verrückt?*

1. Jean Racine, *Phädra*, Leipzig 1868.
2. Primo Levi/Ferdinando Camon, *Primo Levi im Gespräch
   mit Ferdinando Camon. Ich suche nach einer Lösung, aber
   ich finde sie nicht*, München 1993, S. 24f.

*Lili Marleen*

1. Hanna Schygulla, *Bilder aus Filmen von Rainer Werner
   Fassbinder*, München 1981, S. 35.
2. Vgl. Curt Riess, *Rolf Liebermann*, Hamburg 1977, S. 41.
3. Lale Andersen, *Der Himmel hat viele Farben. Leben mit
   einem Lied*, Stuttgart 1974.
4. Vgl. Eckhardt, *Rainer Werner Fassbinder*, München 1982,
   S. 138.
5. Saul Friedländer, *Kitsch und Tod. Der Widerschein des Nazismus*, München 1986, S. 41.
6. Die folgenden Zitate stammen aus Lale Andersen, a.a.O. S.
   234ff.
7. Günther Weisenborn, *Der lautlose Aufstand. Bericht über
   die Widerstandsbewegung des deutschen Volkes 1933 –
   1945*, Frankfurt/M. 1974.
8. Lale Andersen, a.a.O., S. 256f.
9. Ebenda, S. 257.
10. Ebenda, S. 310.
11. Litta Magnus Andersen [ihre Tochter], *Lale Andersen – die
    Lili Marleen*, München 1981, 201f.

*Nur der Führer kann Ihnen jetzt noch helfen*

1. Albert Speer, *Erinnerungen*, Berlin 1985 (1969), S. 491.
2. Detlev Peukert und Jürgen Reulecke (Hg.), *Die Reihen fast
   geschlossen. Beiträge zur Geschichte des Alltags unterm Nationalsozialismus*, Wuppertal 1981, S. 362f.
3. Vgl. Ursula Büttner, *Die Not der Juden teilen. Christlich-*

*jüdische Familien im Dritten Reich. Beispiel und Zeugnis des Schriftstellers Robert Brendel*, Hamburg 1986, S. 66.
4.  Vgl. Jeremy Noakes, *The Development of Nazi Policy towards the German-Jewish ›Mischlinge‹*, in: *Leo Baeck Year Book* 1989, S. 353.

*Unser Bekenntnis zum Führer*
1.  Bundesarchiv, Berlin, RKK: 2100/ Hanns Arens.
2.  Ich bin Dr. Volker Dahm vom *Institut für Zeitgeschichte* in München sehr dankbar dafür, daß er mir Kopien der Johst-Hinkel-Korrespondenz besorgt hat.
3.  Willi A. Boelcke (Hg.), *Kriegspropaganda 1939 – 1941. Geheime Ministerkonferenzen im Reichspropagandaministerium*, Stuttgart 1966, S. 87f.
4.  Institut für Zeitgeschichte, München (vgl. 2. Anmerkung).
5.  Bundesarchiv, Berlin, RKK: 2100/ Hanns Arens.
6.  Ebenda.
7.  Ebenda.
8.  Ebenda.
9.  Institut für Zeitgeschichte, München (vgl. 2. Anmerkung).
10. Bundesarchiv, Berlin, RKK: 2100/ Hanns Arens.

*Die Briefe*
1.  Primo Levi, *Ist das ein Mensch*, München 1993 (1992), S. 186.
2.  Im Mai 1944, unmittelbar vor der Massendeportation der ungarischen Juden nach Birkenau, wurde in Sosnowiec ein neues Arbeitslager eröffnet. Es handelte sich um das zweite Arbeitslager, da neunhundert Häftlinge in den Waffen- und Munitionsfabriken der Ost-Maschinenbau-Gesellschaft zum Arbeiten benötigt wurden (vgl. Martin Gilbert, *The Holocaust. A History of the Jews of Europe during the Second World War*, New York 1985, S. 673).

*Axel*
1.  Axel Arens, *Charles Schumann. Eine Bar in München, ein Ort der Kultur*, in: *Frankfurter Allgemeine Magazin*, 15. Februar 1985.

*Der tiefste Abgrund*
1. Bertolt Brecht, *Mutter Courage und ihre Kinder*, in: *Gesammelte Werke, Stücke* Bd. IV, Frankfurt/M. 1973 (1967), S. 1404.
2. Briefe vom 18. Januar 1990.

*Das kleine Haus im Wald*
1. Friedrich Sieburg, *Die Lust am Untergang*, in: *Werkausgabe*, Stuttgart 1983, S. 222f.
2. Ich bin Frau Mia von Maucler sehr dankbar für die Erlaubnis, aus diesem Gästebuch zu zitieren.
3. Vgl. Willi A. Boelcke, *Kriegspropaganda* 1939-1941, a.a.O., S. 88
4. Vgl. Alan F. Steinweis, *Hans Hinkel and German Jewry, 1933-1941*, a.a.O., S. 219.
5. Richard Friedenthal (1896-1979) arbeitete während des Krieges in der Deutschen Abteilung der BBC und veröffentlichte Biografien u.a. über Martin Luther, Georg Friedrich Händel und Jan Hus.
6. Hans Carossa (1878-1956), ein praktizierender Arzt, wurde in seinen frühen Jahren beeinflußt von Rilke und Stefan George und später von Thomas Mann. In einer autobiografischen Studie *Ungleiche Welten* (1951) setzte er sich mit seiner Position in der Nazizeit auseinander.
7. Vgl. Reinhard Lettau, *Die Gruppe 47. Bericht, Kritik, Polemik*, Neuwied und Berlin 1967, S. 24.
8. Frank Trommler, *Die nachgeholte Résistance. Politik und Gruppenethos im literarischen Zusammenhang*, in: Justus Fetscher, Eberhard Lämmert, Jürgen Schutte, *Die Gruppe 47 in der Geschichte der Bundesrepublik*, Würzburg 1991, S. 9-22.
9. Hans Werner Richter (1908 – 1993), Autor von Romanen und Erzählungen, war 1930 der Kommunistischen Partei beigetreten und zwei Jahre später als Trotzkist ausgeschlossen worden, emigrierte nach Paris und kehrte wieder zurück, um aktiv am Widerstand teilzunehmen.
10. Rhys W. Williams, *Deutsche Literatur in der Entscheidung. Alfred Andersch und die Anfänge der Gruppe 47*, in: Justus Fetscher u.a., a.a.O., S. 30.

11. Bundesarchiv, Berlin, RKK: 2100/ Hanns Arens.
12. Ebenda.
13. Friedrich Minssen, *Frankfurter Hefte*, Februar 1948, zitiert in: Reinhard Lettau, a.a.O, S.27f.
14. Vgl. Jürgen Schutte u.a., *Dichter und Richter – Die Gruppe 47 und die deutsche Nachkriegsliteratur*, (Akademie der Künste) Berlin 1988, S. 81 u. 146.

*Eine Zusammenkunft in Bühl*

1. Thomas Mann, *Die Entstehung des Doktor Faustus. Roman eines Romans*, Frankfurt/M. 1984, S. 148.

## Danksagung

Ohne die großzügige Hilfe und die außerordentliche Geduld von Brunhilde Netter, ihrer Tochter Gudrun Merelo de Barbera, Odette Arens, Mia von Maucler und Monika Arens wäre es mir nicht möglich gewesen, dieses Buch zu schreiben. Ich bin ihnen dafür äußerst dankbar.

Ich möchte auch Dr. Volker Dahm vom Institut für Zeitgeschichte in München für seine Betreuung und dem U.S. Document Center in Berlin (jetzt Bundesarchiv) für die Genehmigung danken, die Arens-Hinkel-Korrespondenz zu nutzen. Mein Dank gilt auch Dr. Joachim Kesten in Hamburg, der mich – wann immer nötig – ermutigte, meine Nachforschungen fortzusetzen.

# Stammbaum der Familie Koch

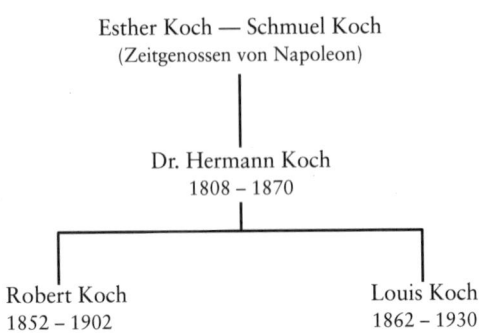

Esther Koch — Schmuel Koch
(Zeitgenossen von Napoleon)

Dr. Hermann Koch
1808 – 1870

Robert Koch
1852 – 1902

Louis Koch
1862 – 1930

Baron
Ida Koch — Otto Koch ...... Emmy Herold — Moritz v. Maucler
1890–1981 | 1884 – 1919 : 1877 – 1947   1888 – 1918

Eric Koch
1919 –

**Odette**   — Hanns Arens
1911– 1989   1901 – 1983

Axel   — Monica
1939 – 1986